2023 年度厦门市教育科研专著资助出版项目

自主建构型小学科学概念教学

陈俊强　著

东北师范大学出版社
NORTHEAST NORMAL UNIVERSITY PRESS

图书在版编目（CIP）数据

自主建构型小学科学概念教学 / 陈俊强著. -- 长春：
东北师范大学出版社，2024.8. -- ISBN 978-7-5771
-1795-9

Ⅰ. G623.62

中国国家版本馆 CIP 数据核字第 20241GJ838 号

ZIZHUJIANGOUXING XIAOXUE KEXUE GAINIAN JIAOXUE

自主建构型小学科学概念教学

责任编辑：包瑞峰　封面设计：宋汝冰

责任校对：刘　洋　责任印制：许　冰

东北师范大学出版社出版发行

长春净月经济开发区金宝街 118 号（邮政编码：130117）

电话：0431-84568126

网址：http://www.nenup.com

厦门集大印刷有限公司制版

厦门集大印刷有限公司印装

厦门市集美区环珠路 256-260 号

2024 年 8 月第 1 版　2024 年 8 月第 1 版第 1 次印刷

幅面尺寸：170mm×238mm　印张：17.5　字数：234 千字

定价：58.00 元

序

俊强撰写的《自主建构型小学科学概念教学》一书即将出版，嘱我写个序。我不是小学科学教育领域的"庐山中人"，缺乏为此书作序的"影响力"和"公信力"。但我曾担任俊强的导师一年有余，有这层师生关系，为此书作序，也算是"师出有名"吧！

俊强 1997 年从福建师范大学毕业至今，一直从事小学科学教学研究。2011 年，他作为厦门市专家型教师被选派到东北师范大学进修，我成了俊强的导师。我与俊强交流过小学科学教育领域的许多热点与经典问题，比如，对兰本达小学探究学习理论、皮亚杰建构主义学习理论进行过不少讨论。进修期间，俊强就将自主建构型小学科学概念教学作为自己的研究课题。难能可贵的是，虽然专家型教师的学习过程已经结束了，但他依然坚持自己的研究，至此已有十多年了，最终收获了较为系统的研究成果，完成了本书的撰写，值得鼓励，值得祝贺！

"自主建构型小学科学概念教学"是理论与实践难度都很大的一项课题。俊强将自主建构与小学科学教学联系起来，试图解决当前小学科学教学面临的现实问题，并围绕"如何引导学生主动参与、自主探究""如何实现科学知识的有效建构"等问题，阐述了自主建构型小学科学概念教学的基本理念、实施策略及具体案例，因此此书很接地气。对于小学科学教育工作者来说，了解、领悟和运用自主建构型小学科学的教学方式方法，保障学生们能够在自主探究的过程中培养独立思考和

1

解决问题的能力，具有重要的指导与引领价值。

俊强所著《自主建构型小学科学概念教学》从五个维度，即科学概念教学中的"前概念挖掘、结构性材料开发、问题逻辑的设计、概念抽象和生活还原"，讲述了小学科学概念教学实践中遇到的问题和采取的有效解决方案。书中所选取的案例均来自一线教学实践，具有很强的可操作性和重大的示范意义。值得一提的是，本书不仅关注科学知识的传授，还注重培养学生的科学思维和科学精神。在引导学生进行自主探究的过程中，学生经历了"发现问题—分析问题—解决问题"的全过程。这种以学习者为中心的教学方式，将有助于培养学生的创新意识和终身学习的能力。

作为一本指导教学实践的书，《自主建构型小学科学概念教学》具有较高的实用价值。无论是小学科学教师，还是教育研究者，都可以从中获得有益的启示和帮助。希望通过本书的推广和应用，可以推动小学科学教育的改革与发展，培养更多具有创新意识和科学素养的人才。

总之，《自主建构型小学科学概念教学》是一本理念先进、实践丰富、指导性强的专业书，它在"自主建构"与小学科学教学实践之间架起一座清晰可见的桥梁。相信通过运用书中阐释的方法和策略，教师的教学会更加有针对性和实效性，学生的科学学习也将变得更加有趣和有效。

谨以上述文字祝贺本书的出版。

袁孝亭

2023 年 12 月于广州

目　录

第一章　回归学生主体的小学科学概念教学

　　随着新课程改革背景下的基础教育与素质教育课程体系的逐步完善，主体性教学受到越来越多的教育工作者的关注和重视。小学科学教育作为我国基础教育的重要组成部分，教学过程中学生主体性的发挥直接影响着科学教学的质量和效果。《义务教育科学课程标准（2022 年版）》明确指出"以学生为主体进行教学设计"，尊重学生主体地位、增强学生主体意识、发挥学生主体性是培养小学生科学素养和科学精神的前提和基础。

　　但是，在传统应试教育思想的影响下，科学教学常常采取的是灌输式教学模式。学生成为被动的学习者，他们既看不到科学课堂的价值，也难以养成探究科学的习惯。很多时候，科学教学过多地关注科学知识的讲解，而忽视科学探究、科学态度、科学与环境的关系，难以实现培养全面发展的人的目标。因此，回归学生主体的小学科学概念教学在当下显得尤为重要。

第一节　小学科学概念教学中学生主体的缺失

　　小学生的科学概念教学，是科学课的一项重要工作。在教学过程中我们发现，学生并不是脑袋空空地进入课堂，学生上课之前，就已经存有许多自己的"认知",这是一些先入为主的概念,简称为"前概念",这些前概念对于学生的学习会产生相当大的影响。学生原先存有的前概念会与将要接收的新概念产生冲突。

前概念存在于学生的脑海中,是比较难以改变的。在教学过程中,我们发现前概念大多是模糊的、缺少相互关联的,甚至是较正确认知而言有所偏差的。因此,把它们称之为前概念是比较准确的,即"学习之前"的概念,或进行充分认知前的概念。有关学生科学概念教学的研究曾经对此有专门的定义,称之为迷思概念(misconceptions)。

学生可能会有什么样的前概念呢?我们试着对学生做了测试,发现学生存在如下前概念:植物直接从土壤、水、肥料、阳光中"吸取食物",电是在灯泡内用完的,一公斤的铁比一公斤的棉花重,诸如此类。

一、小学科学概念教学的现实困境

在教学中我们发现,大部分学生对科学概念的学习缺乏兴趣。他们不善于把科学活动与周围世界进行联系,而只是把科学概念当成一系列没有关联的事实来学习。他们对科学概念进行生搬硬套和机械接受,而不是利用概念去了解、联系现实生活中的事物,更无法将概念融入到对科学和未来技术的学习当中。传统观念影响着学校的科学教育,传统科学课堂与实际生活常出现脱节现象。

小学阶段的科学概念教学,并不缺乏教学主题、重要概念等,但是教材所提供的教学案例,往往不适用于实际教学。对于科学概念教学而言,如何搭建一个更有效的概念学习结构,仍是今后我们需加以关注并大力研究的问题。

此外,在对学生进行科学概念的评价时,仅将书面作业、考试结果作为评价依据,准确性确实高,但存在较大的局限性。高定性评价将会导致教什么、怎么教、学生如何学都由评测因素决定,而忽视评价在增进学生对核心概念的理解、发展推理能力和培养科学态度方面具有的价值。这样一来，教师的教学方式无法满足学生学习科学的最底层需求。针对此现状，教师需要根据实际教学情况，潜心研制新的评价方法，以更好地评价学生对核心概念的理解与运用。

爱因斯坦说过："走出校门后，把学校里学的知识全部忘记，剩下的东西就是教育。"因此，科学教育的目标不是去获得一堆由事实和理论堆砌的知识，而应是实现一个趋向于核心概念的进展过程，这样做才能帮助学生理解与他们生活相关的事件和现象。小学生在学习科学的过程中，需要逐步去理解概念，进而运用概念。如果不能将这些概念与具体的生活现象相联系，那么抽象的概念将更加抽象，不易被理解。

实现基于探究的教学法，对教师的探究能力和课堂时间把控能力提出了很高的要求。探究式教学需要花费更多的时间，内容的广度相对变窄，这就是我们在科学教学中经常提到的"一英寸宽，一英里深"。因此，在推进基于探究的科学概念教学时必然需要选定一些"少而精"的概念。首先，要明白概念在哪里；其次，针对概念教学要设计非常严密的组织架构，即概念的层次要做得很细致、很严谨，条理要清晰；最后，要做好概念与概念之间的勾连。

也就是说，科学概念处于科学教学的核心指导位置，就像树的根部，这棵树的主干部分就是由一些大概念构成的，树枝就是由大概念分解出去的小概念构成的，树叶就是由纷繁复杂、色彩斑斓的生活现象构成的。我们能够从这棵树上采到什么果实，取决于这是一棵什么样的树。为了更好地认识这棵树，我们既要了解树的整体形状，又要对这棵树进行深入研究，抽丝剥茧般地从细节处逐步归纳、概括、提炼出其本质特征。以此来比喻科学探究与科学概念教学，能比较生动形象地说明我们为什么要采用探究式的教学来解决科学概念教学的问题。科学教学不能只见森林，也不能局限于片面的现象而不对其概念本质进行理解。

二、小学科学概念教学的常见问题

（一）难以联系科学知识与科学现象

科学知识与科学现象是紧密联系的，科学知识是对科学现象的提炼和抽象，并用于解释科学现象。科学知识如果脱离科学现象，就如无源之水、无本之木。因此，科学概念要在科学知识和科学现象之间建立本质的联系。然而，要在宽泛的科学知识和学生感兴趣的科学现象之间建立联系，使学生成为具有科学探究精神的人，是一项极其艰巨的工作，需要广大科学教师共同努力。

（二）难以系统性地研究科学教育

长期以来，人们对如何有效地开展科学教育缺乏系统性的研究。所谓科学教育的方式方法也过于笼统和宽泛，缺乏系统性的梳理和阐述。例如，小学科学教材几经修订，从原来一年级起点的自然，再到三年级起点的科学，又回到一年级起点的科学，中间经历了将近 40 年的更迭，科学教育的进展步履维艰。

（三）难以选择恰当的学习内容

小学阶段的科学教学问题不是缺乏能使学生感知的内容，而是难以选择恰当的学习内容。小学科学概念教学有非常多可以使用的主题和活动，但教师该如何选择并教授它们，从而使学生在宝贵的学习时间内能够有效地理解和应用科学知识，这至今仍是摆在科学教师面前的一大难题。

（四）难以尊重儿童的认识视角

人们往往以成人的眼光来审视问题，所以很难以儿童的视角来思考问题。成人在儿童的世界中往往充当着强势的角色，发挥着主导作用。教学的关键往往不是教师懂得多少，而是教师知道学生懂得多少。因此，教学要回到儿童本身，唤醒和保护他们的天性，并从他们的问题、经验或认识出发，引领儿童对科学问题进行探究。而这些在当前是缺乏系统性研究的。

（五）难以发挥评价的应有功能

高定性评价往往会导致教什么是由评价决定的，忽略评价在理解核心概念、发展推理能力和培养科学态度方面具有的价值。这就使得教师的教学方式往往以讲授知识为主，这样既不能提高学生的学习积极性，也无法满足教学的深层次要求。因此，研制新的评价方法，发挥评价的促进功能，是一项迫在眉睫的工作。

三、小学科学概念教学的问题分析

（一）缺少抽象

缺少概念的抽象，仍停留于现象和行为本身。科学是从观察我们周围的环境开始的，例如某块石头、某种植物，通过进一步经验的归纳进展到更为抽象的范畴和概念，如力、引力、原子。在这种抽象水平上，一般的感知不再起作用了，这时就需要使用数学公式和其他的符号。

皮亚杰认为，学生的活动内化过程也是概念化的过程，是从具体概念水平到抽象概念水平的过程。学生的认识过程是一个循序渐进的过程，从主客体不分的具体概念阶段发展到符号化与概念化思维阶段。概括化过程是概念学习必不可少的一个环节，是检验概念是否形成的标准之一。

学生在学习科学概念的过程中往往缺少抽象，对概念的理解仍停留于现象表面和行为本身，从而无法深入理解概念的实质和内涵。因此，教师需要了解抽象程度逐渐提高的步骤，帮助学生沿着这些步骤前进，并认识到更为抽象的概念能够加深我们对日常所观察到的数据的理解。

（二）缺少联系

缺少概念与现象、概念与概念之间的联系。对脑活动的研究发现，相互联系的概念较之没有联系的概念在遇到新情况时更容易被运用。[①] 这个发现表明，学生在学习科学概念时，不应该孤立地学习各个知识点，而应该让科学概念与所了解的周围世界及已有知识产生联系。

教师有意识地将学生的理解与周围世界及已有知识联系起来，可以确保学生获得关于世界的整体构想，而不仅是一些相互无关联的散乱的点。正如一所房子不是由一堆砖头简单堆砌的，科学也不是由一些相互孤立的事实堆砌的。如果没有建立概念间的联系，科学将被分割成零散的碎片。

然而，大多数情况下，学生只掌握了一些孤立的科学知识，他们很难认识到，课堂中进行的科学活动与他们周围的世界是有联系的，也很难认识到，新概念和旧概念之间是有联系的。他们对周围事物的研究变成了对一系列没有关联的事实的学习。

因此，教师应该帮助学生认识到，课堂探究活动中涉及的概念与日常生活中的事件之间的联系，认识到新的经验与原有经验之间的联系，认识到新的概念与原有概念之间的联系。学生对这些联系的认识有助于其深入理解科学概念。

（三）缺少思维

概念生成过程中缺乏科学探究思维。探究是一种复杂的学习活动，涉及观察现象、提出问题、设计方案、寻求实证、进行解释、得出结论等等，包含批判性思维和逻辑思维。

学习科学概念的过程可以被描述为探究活动的一种形式——运用类似科学家在获得对周围世界理解时所使用的科学研究方法。参与科学探究活动能使学生学习到相关科学概念，并了解该概念是如何通过科学活动逐步形成

---

① 温·哈伦. 以大概念理念进行科学教育 [M]. 韦钰，译. 北京：科学普及出版社，2016：5.

的。学生通过参与不同形式的探究，可以促进科学概念的发展。

有些教师把科学概念的学习看作可以直接传授给学生的一堆知识，只要求学生机械记忆；还有些教师虽然为学生提供需要动手实践的活动，却要求学生按照"规定"操作，导致出现学生只动手不动脑的现象。这类教学会使学生的概念学习缺乏思考的过程，无法培养学生的探究思维，使学生难以自主理解并建构科学概念。

（四）缺少主体

学生主体缺失，即概念不是由学生主动建构的，而是外力强加的。"儿童哲学"中提及，儿童是天生的学习者，有强烈的好奇心，对世界拥有丰富的感知力，也具有丰富的想象力和深刻的洞察力。儿童作为一个独立的个体，能够主动建构科学概念并赋予周围事物意义。教育神经科学进一步证实了儿童积极、主动学习的能力。"儿童很小的时候就具备了熟悉理解周围现象的能力，他们是积极的学习者。刚出生的时候，儿童并不是一块白板，在很小的时候，儿童就已经发展了许多有关这个世界的理论，并根据自身经历不断对这些理论进行修正。"[1]

作为一个独立的个体，小学生的认知水平虽然不如成人，但他们已经具备解释自然和理解世界的能力。学生通过观察和体验，依据个人的经验、已有的知识和自己的语言来尝试解释周围的世界。

目前的科学教学中，教师往往过多地关注自己的教学，背教案、走教案的现象时常发生。教师急于求成，只顾着完成预设的教学目标，而忽视课堂的动态生成。这种情况将导致学生学习概念的活动沦为单向的传输和被动地接受，这是不可取的。

学生是学习与发展的主体，教师是学习过程的组织者、引导者和促

---

① 吕萍. 儿童早期的科学概念形成 [M]. 上海：上海三联书店，2016：16.

进者。在小学科学概念教学中，教师要突出学生的主体地位，基于学生的认知水平，联系学生的已有知识和经验，充分利用各种资源，创设认知情境，引起学生认知冲突，引导学生主动探究，启发学生积极思考，使学生成为具有终身学习能力的学习者。

第二节　小学科学概念教学的相关概念

一、科学概念、前概念及其关系

（一）科学概念

科学概念是经过实验的证明或严格的考验才建立起来的，通常比较复杂抽象，而且不容易被直接感知。科学概念是科学认识形成过程的重要阶段，它注重对科学事实进行理性加工，是比科学事实更高级、深刻的认识成果。

科学概念在整个科学认识形成过程中起着由感性认识飞跃到理性认识的转折和中介作用。在科学认识论看来，当科学认识处在感性认识阶段时，只能认识自然界的表面现象，这时的科学认识称之为经验。经验只有陈述的功能，没有解释的功能。一旦科学事实上升为科学概念，科学认识就发生了质的变化，开始进入到概念、推理等组成的理性认识阶段。[①]

科学概念是基本的知识单元，是科学理论思维的细胞，在整个科学理论系统中具有关键的作用。科学概念构筑起了科学理论，科学理论的产生和发展离不开科学概念。科学理论的进展都是在科学概念的形成和变动的基础上实现的，从而使科学理论摆脱经验感性世界进入到理论的理性世界。

---

① 经济合作与发展组织．理解脑：新的学习科学的诞生 [M]．周加仙，等，译．北京：教育科学出版社，2010：36.

（二）前概念

前概念是指学生认识周围世界的早期经验，是学生在进入学校时已经形成的经验和认知，是科学概念教学的起点和立足点。

我国学者倾向于认为，前概念指学习者在接受正式的科学教育之前，在现实生活中通过长期的经验积累与辨别式学习而获得的一些感性印象、积累的一些缺乏概括性和科学性的经验，是一些与科学知识相悖或不尽一致的观念和规则。[①]

学生往往带着很多有关日常生活的经验和周围事物的经验、想法和知识走进课堂。虽然他们的已有经验不是很系统，也不是很正确，但不可否认的是，他们确确实实是在这些已有经验、想法和知识的基础上建构新知识、获得新理解的。

（三）科学概念与前概念的关系

相对于科学概念，学生的前概念有的是正确的，有的是错误的，有的是部分正确的，有的是不完整的、缺乏联系的，这些前概念势必会影响学生对新概念的理解和建构。真正的学习是学生在原有经验和已有知识上的重构过程，是从原有概念到新概念的转变过程。因此，教师在教学前应充分挖掘和了解学生的前概念，这对科学概念教学而言是必要的，也是极其重要的。

科学概念本身是不断在发展和完善的，相对于之后形成的概念，之前的概念认知就成为新概念的前概念。科学概念的形成过程不是一蹴而就的，而是日积月累、潜移默化的，进而产生感悟和顿悟。

---

① 吕萍.儿童早期的科学概念形成 [M].上海：上海三联书店，2016：11.

二、大概念与小概念

（一）大概念

大概念是指可以适用于一定范围内的科学现象的概念，用于解释或预测某一类的自然现象。例如，"生物体的特别功能是长期进化形成的"是一个大概念。

大概念应该具有以下四个特点：一是能够用于解释一大类的物体、事件、现象，学生在他们今后的生活中必然会遇到的；二是在学生今后遇到问题时，这些概念能帮助他们对所遇到的问题作出决策；三是当人们提出与自身相关的问题时，他们能够通过大概念找到令自己满意的答案；四是具有文化上的意义，例如，反映科学史上的成就、来自研究自然的灵感、人类活动对环境的影响等。

温·哈伦在《科学教育的原则和大概念》一书中选择了 14 个科学的大概念，其中 10 个是科学概念——用于解释自然现象中的理论、原理和模型的大概念，4 个是关于科学的概念——获得这些理论、原理和模型的过程的大概念。

1. 科学大概念

① 宇宙中所有的物质都是由很小的微粒构成的。

② 物体可以对一定距离以外的其他物体产生作用。

③ 改变一个物体的运动状态需要有净力作用于其上。

④ 当事物发生变化或被改变时，会发生能量的转化，但是在宇宙中能量的总量总是不变的。

⑤ 地球的构造和它的大气圈以及在其中发生的过程，影响着地球表面的状况和气候。

⑥ 宇宙中存在着数量极大的星系，太阳系只是其中一个星系——银河系中很小的一部分。

⑦ 生物体是由细胞组成的。

⑧ 生物需要能量和营养物质，为此它们经常需要依赖其他生物或与其他生物竞争。

⑨ 生物体的遗传信息会一代代地传递下去。

⑩ 生物的多样性、存活和灭绝都是进化的结果。

2. 关于科学的大概念

① 科学认为每一种现象都具有一个或多个原因。

② 科学上给出的解释、理论和模型都是在特定的时期内与事实最为吻合的。

③ 科学发现的知识可以用于开发技术产品，为人类服务。

④ 科学的应用经常会对伦理、社会、经济和政治产生影响。

（二）小概念

与大概念相对应，我们将只运用于特定观察、实验或科学课程中的概念称为小概念。例如，"蚯蚓能很好地适应泥土中的生活"是一个小概念。小概念是容易被确定的，因为它可以归在不同学科中熟悉领域的分支内。当儿童开始形成概念时，这些小概念都是与他们周围有限的世界中完全特定的事件清晰相连的。

《义务教育科学课程标准（2022 年版）》设置了 13 个核心概念，是所有学生在义务教育阶段应该掌握的科学课程的核心内容。通过对学科核心概念的学习，理解物质与能量、结构与功能、系统与模型、稳定与变化 4 个跨学科概念。在课程内容的呈现上，将 13 个核心概念分解成 54 个学习内容，并根据学段目标、学生特点以及学科核心概念的本质特征，提出 354 个内容要求。这 354 个内容要求是科学课堂教学的具体教学目标和具体知识点，每一个内容要求就是一个学生需要学习的小概念。

（三）大概念与小概念的关系

概念有大小之分，任何对较少现象适用的概念都会联系到一个适用于更多现象的较大概念，以此类推，较大的概念又可以归入到一个更大的、更广泛的概念，概念越大越抽象。以糖溶解在水中这一科学现象为例，对于年幼的儿童来说，最朴素的解释是糖不见了，但糖仍然存在于水中。对于小学生而言，可以引导他们去解释为什么有些物质在水里溶解使水改变了颜色。对于中学生而言，可以用分子相互作用的概念将这些解释联系在一起。换句话说，对于"溶解"这个科学概念，现象层面的"糖在水里不见了，但仍然存在于水中"是小概念；物质层面的"糖分散到水里去了，使水变甜了"是稍大一点的概念；粒子层面的"糖分子和水分子相互作用"是更大的概念。

如果小概念没有与大概念建立联结，就很容易出现"没有用""没法用"或者"被误用"的情况。小概念与具有生活价值的大概念的关联比较微弱。如果我们没有在小概念与大概念之间建立强有力的联系，那么小概念将会因为缺乏生活价值而逐渐被遗忘。只有当小概念与上位的大概念对接上时，小概念才能处在联结中，并随着大概念的运用而不断被激活。

三、概念的形成与发展

已有研究表明，当儿童进入学校的时候，已经形成了关于周围世界许多方面的概念。这些概念是儿童自己形成的，对他们很有意义，且不容易被改变。然而学生的前概念往往与科学概念存在偏差。例如，人们的直觉认为运动会自己停下来，而不是"运动的物体会持续运动下去，除非有力作用于其上"。因此，科学概念教学必须以儿童的前概念为起点，基于学生的已有知识和经验拓展学生的经验，从而建构科学概念。

概念的进展，一般需经过归纳和演绎的过程。所谓演绎，就是一个从特定事件或物体开始，逐渐扩展到能够解释更广范围经验的概念的过程。例如，从为什么特定的物体能够在水中漂浮起来的想法，进展到有关沉浮的大概念。所谓归纳，就是通过各种特定事件或者物体总结出这一类科学现象在概念上的共性。例如，很多物体在形变后都有弹力，从而总结出物体具有弹性的性质。概念的进展过程不是单一的，也不是单向的。它应该是各种角度的、全方位的、立体的，可以从一个特定事件入手，也可以从多个特定事件中总结提升，或者没有特定事件，从众多现象表征当中提取关键要素，进而作出科学推断。

教师如何帮助学生掌握概念、如何描述这些概念是如何逐步进展的取决于概念的进展方式。概念的进展方式有四种，即爬梯、拼图、螺旋、顿悟。

（一）爬梯

概念进展的第一种方式类似一个纵向的爬梯子过程，即前一步完成以后，才能进入后一步的学习。概念学习是一系列精心设计的学习活动，以不变的顺序依次进行，学习的路径对所有的学习者都是一样的。所有的学生都爬同样的梯子，只有到达楼梯的顶端才会处于"明白的状态"，而对于处在过程中的学生来说，一步一步攀登的目标并非清晰可见。

例如，在学习密度的概念之前，需要建立质量和体积的概念；在学习速度的概念之前，需要建立距离和时间的概念；在学习弹力的概念之前，需要建立弹性的概念；在学习光的反射（折射）的概念之前，需要建立光沿直线传播的概念；在学习磁极的概念之前，需要建立磁力的概念；在学习电磁铁的概念之前，需要建立电路和磁性的概念；学习导体（绝缘体）的概念之前，需要建立导电性的概念；在学习食物网的概念之前，需要学习食物链的概念。

爬梯的概念进展方式，用学习目标确定每一步需要完成的任务，必须完成前一步概念的学习，才能进入后一步概念的学习。每一步所需的时间长短是不同的，可以是一年或多年，也可以是一个学习阶段。这种进展方式容易给人一种固定的线性发展印象，进展过程被分解成一系列可分离的若干阶段。这种方式的缺点是，每一个阶段都有相对独立的起点和终点，容易割裂与大概念的联系，使得学习活动孤立、零散、缺乏联系。

（二）拼图

概念进展的第二种方式是一个横向的拼图过程，较大的概念是从较小的概念逐步扩展与整合而形成的，并不需要以递进的方式来进展。这种进展方式类似于拼图游戏，每个小块可以以任何顺序拼接，将一些相关的小块拼在一起组成一个较大的组件时，可以更容易地看出这是整体的某个部分。因此，先形成某些模块，有助于找到下一步更合适的部分，从而形成较大的组件。每个人的拼图方式不一样，有的拼图者喜欢找出能拼成直边的小块，而常常从图的边框开始拼接。如果有一个整体的图（大概念）作为引导，解决问题的过程就会容易得多。儿童能从学校教育和日常的生活中随时获得新的经验，这些经验不断地加深他们对事物的理解，小块的数量也会随着时间的推移而增加，儿童就会持续不断地将一些小块拼接在一起。

例如，对于水这个概念，儿童在日常生活中积累了一些经验认识，知道水是无色无味的。进入学校后，他们在一系列体验活动中进一步认识到水的毛细现象、表面张力，压力的性质，这些新的概念和原有的概念拼接和整合在一起，水的概念就变得更大了一些。

拼图的概念进展方式只对最终的学习要求给出描述，允许学生用不同的方法进行学习，就像拼图游戏中使用的小块，可以用任何顺序拼在一起。这种模式的缺点是，在确定适合的学习项目时，提供给教师和课程开发者的指导过少，对教师的要求较高。

（三）螺旋

概念进展的第三种方式是螺旋的训练过程。学习过程就像马拉松赛跑，跑完全程的能力是逐渐建立的，先跑一小段距离，然后逐渐能够跑更长的距离。一段时间后，对某个领域的一些概念进行重复学习，能够对概念理解得更为深入。在理想的情况下，教师可以基于学生已有的水平来决定学生下一步需要学习到的程度。学生对一个概念的认识和理解不是一步到位的，而是分层次、分阶段逐步形成的。

例如，对于溶解这个概念，小学生只需要理解现象层面的直观现象，即糖在水里不见了，但仍然存在于水中；而初中生则开始从物质层面来理解概念，即糖分散到水里去了；高中生需要能够从粒子层面来理解概念，即糖分子和水分子相互作用。

螺旋的概念进展方式将总的学习目标分解成几条学习链。在每一条学习链里，概念会随着时间的推移而逐步进展，通过螺旋式发展的课程来实现进展。这种模式的缺点在于，不同的学习链容易失去彼此的联系，造成在形成大概念进程中学习过程相互孤立的现象。

（四）顿悟

概念进展的第四种方式是灵感的顿悟过程。学习者在大量学习、研究和思考的基础上，历经迷茫和困惑之后，突然开窍和领悟，对概念的理解获得质的飞跃，从而达到一个全新的层次。这就是我们常说的"山重水复疑无路，柳暗花明又一村"的状态。

例如，著名的化学家门捷列夫就是在长期研究和探索中，顿悟化学元素的周期律，制作出世界上第一张元素周期表的。为了从杂乱的化学元素中找到一些秩序，门捷列夫将每一种化学元素都写在一张小卡片上，并写上元素符号、原子量、元素性质等，然后将它们进行排列，如同玩扑克牌一般。他每天手拿元素卡片，像玩纸牌那样，收起、摆开，再收起、再摆开。春去秋来，很多年过去了，门捷列夫都没有在杂乱无章的元素卡片中找到其内在的规律。直到有一天，他又坐到桌前摆弄起"纸牌"来了，摆着摆着，门捷列夫像触电似的站了起来，在他面前出现了完全没有料到的现象，每一行元素的性质都是按照原子量的增大而从上到下地逐渐变化着。门捷列夫激动得双手不断颤抖着。"这就是说，元素的性质与它们的原子量呈周期性有关系。"门捷列夫兴奋地在室内踱着步子，然后，迅速地抓起记事簿，在上面写道："根据元素原子量及其化学性质的近似性试排元素表。"他按照原子量（该元素原子的平均质量）递增的顺序将这些元素巧妙排列后发现，恰好能将具有相似属性的元素排在同一列内。而在每一行中，元素属性都会重复出现，由此他称这些属性为"周期性的"，于是将这张纵横排列的表格称之为"周期表"。

还有一些科学家是在"做梦"中产生灵感，形成顿悟概念的。例如，德国化学家凯库勒在梦中发现苯环结构。这个故事是这样的：已知一个苯分子含有6个碳原子和6个氢原子，碳的化合价是4价，氢的化合价是1价，有机物的碳原子互相连接形成碳链，那么在饱和状态下每个碳原子还应该与2个（在碳链中间）或3个（在碳链两端）氢原子化合，算上去6个碳原子应该和14个氢原子化合，例如己烷就是这样的。苯分子只有6个氢原子，说明它的碳原子处于极不饱和状态，化学性质应该很活泼。但是苯的化学性质却非常稳定，说明它和不饱和有机物的结构不一样。苯究竟有怎样特殊的分子结构呢？这个问题把当时的化学家们都难住了。凯库勒也对此百思不得其解。一天晚上，凯库勒在火炉前思考苯环的结构，在半梦半醒之间，他看到碳链似乎活了起来，变成了一条蛇，在他眼前不断翻腾，突然蛇咬住了自己的尾巴，形成了一个环……凯库勒猛然惊醒，受到梦的启发，明白了苯分子原来是一个六角形环状结构。

这四种概念进展的方式都是将小概念进展到大概念的方法，儿童在发展概念时，会因概念本身特性的不同以及引导概念进展的经验不同而采用不同的进展方式。每一种方式都有优点和不足之处。由于在学习不同的概念时，需要的学习经验性质和范围不同，或许每一种方式都需要用到。例如，学生能用"蒸发"这个概念来解释"湿的衣服暴露在空气中和太阳下会变干燥"，却很难用"水通过地面渗透来解释路面上积水的消失"联系到"蒸发"这个概念。出现这类情况时，就需要采用拼图的进展方式，列举在本质上相互关联的多个现象，引导学生建立相互间的联系，知道科学概念可以适用于多种情境，从而帮助学生用同一个科学概念去解释本质相同但表征形式不同的现象。再如，学生在自己有限的生活经验里见到的木头大都漂浮在水面上，因此很容易形成"所有的木头都能浮在水面上"的想法。这时就需要采用螺旋式的进展方式，让学生亲眼看见一些木头沉入水中，以拓展他们的想法，从而促进学生了解应用更为广泛的概念。同样的，当学生的推理能力有限时，他们可能只注意到能够支持他们想法的事实和证据，有些时候，即便观察或收集到的实证与他们的想法相对立，他们仍然会固执地坚持自己原来的想法，这时就需要采用爬梯式的进展方式，分层次有步骤地引入概念。

第三节　小学科学概念教学的基本原则

现代的观点认为科学并不是静止的，理论与实证有关，当新的证据出现时，理论可以改变。科学是人类活动的产物，包含了人类的创造想象力，收集、解释数据的能力。可以说，科学不是一套机械的程序或一个确定的答案，而是对世界理解的创新。因此，科学教育应该为儿童创造探究实践的机会，激发儿童对周围世界的好奇心、探索欲，让儿童在体验中了解科学的本质、感受科学的乐趣。因此，小学科学概念教学应遵循以下几大原则。

一、科学概念教学应立足于促进学生理解大概念

科学概念教学应促进学生理解有关科学的大概念，包括科学知识的大概念和关于科学本身及其应用的大概念。

科学具有多方面的内涵，既包括了有关世界的知识，也包括了知识和理论发展和改变的过程。通过科学概念教学，学生能够理解一些有关物体和现象的大概念。例如，宇宙中所有的物质都是由很小的微粒构成

的，物体可以对一定距离以外的其他物体产生作用。这些概念不仅能对观察到的现象提供解释并回答日常生活中产生的问题，而且能够对原来没有观察到的现象作出预测。

科学概念教学也应该促进学生理解有关科学探究、推理和科学方法的大概念，以及有关阐明科学、技术、社会和环境之间关系的大概念。例如，科学探究需要基于可能的解释来进行预测，并依据实证对不同的看法作出判断；科学应用可以对社会、经济和环境产生正面和负面的影响。

二、科学概念教学应注意区分概念的大小

科学概念教学应注意区分大概念、小概念及概念在学生不同学习阶段的作用。

学生带到学校的观念，是他们在日常生活中通过活动、观察和思考形成的有关对世界的看法，这些是科学概念教学的起点和立足点。科学概念经常是复杂的，它的进展过程受多种因素的影响，如经验的拓展、推理的发展、方法的运用。因而不同学生之间的概念进展将会因学生已有经验的不同而各不相同。

为了确定概念的进展进程，一方面，需要逻辑分析，明确较为复杂的大概念是基于哪些较为简单的小概念建构的。例如，在学习密度的概念之前，需要建立质量和体积的概念；在学习速度的概念之前，需要建立距离和时间的概念。另一方面，需要来自思维发展的研究实证，因为人类的概念发展有时并不是必须按逻辑来进行的。

三、科学概念教学应注重联系生活实际

科学概念教学应从学生感兴趣并与他们生活相关的问题开始，逐步进展到理解大概念。

学生对大概念的理解不是突然实现的。理解并不是简单的有或无，

而是随着经验的增长，不断增加复杂性的过程。学生对科学概念的理解源于在好奇心驱动下对物体和现象的探索，他们将新的经验和已有的经验联系起来，互相交谈和提问，并在好奇心的驱使下积极主动寻求问题的答案，进而深入理解科学概念。

因此，科学概念教学强调创设真实的生活情境，激发学生的已有生活经验和好奇心，驱动学生在探究实践活动中解决问题。

四、科学概念教学应考虑目标的多元化

所有科学教学活动都应该致力于深化学生对科学概念的理解，同时应考虑其他可能的目标，例如科学方法和科学态度的培养。

科学教育应该促进学生理解科学本质、培养科学思维、经历探究实践、养成正确的科学态度。通过创设多样的探究实践活动，引导学生"做中学""做中思""做中创"，从而帮助学生加深对知识的理解、增强推理能力、形成正确的生活态度、树立正确的价值观。

教师在进行科学概念教学时，应该充分考虑目标的多元化，并采用多种教学方法和手段来实现这些目标。例如，教师可以采用探究式教学法、案例分析法、小组讨论法等多种教学方法，结合实验、案例、图片、视频等多种教学手段，展开科学概念教学，以激发学生的学习兴趣和提高学生学习的积极性，从而提高他们的科学素养和综合能力。

五、科学概念教学应充分发挥评价的作用

评价在科学概念教学中具有关键的作用。无论是对学生学习过程的形成性评测，还是对学生学习进展的总结性评测，都必须考虑到所有的学习目标，对学生进行全面综合的评价。

形成性评测是指用于帮助学生学习而整合于教学活动中的评测，通过分析此类评测结果，教师可明晰学生在发展过程中已经进展到哪个阶段，并且知道怎样使他们继续往前发展。为发展大概念而使用形成性

评测时，教师可以用提问的方法来收集有关学生的想法。例如，可以问"同学们想到的是什么？"，而不是问"什么是某某？"。学生可以用口述、书写、画图和概念图等方式回答提出的问题。

总结性评测是在特定的时间点对学生达到的水平给出的一个总结，以便教师和家长了解学生的实际学习情况，以及学生了解自身的学习情况。为了使总结性评测起到推动作用，需要设计和采用一些评测方法，以便提供关于概念理解程度有依据的实证。例如，国际学生评估项目（PISA）中，已经用书写"什么是可能发生的方式"来拓展评测，其他评测方法还包括成长档案、实践操作、项目研究、演讲面试等。

六、科学概念教学应致力于促进家校社合作

为了达到科学概念教学的目标，应促进教师之间的合作，并需要社会其他力量的支持，包括科学家的参与。

首先，学校可以邀请教育科学研究专家和学科教研员来校进行专题指导，以提高教师实施科学教育的水平。同时，学校可以招募骨干教师、优秀班主任及家长志愿者成立合作营，对他们进行培训，让他们共同参与科学教育。其次，学校可以引导全体师生及家长共同参与、共同实践，组织各类竞赛和活动，以展示学生的科学成果和创新成果，满足学生个性成长需求，激发学生的学习兴趣，提高学生的科学素养。

科学概念教学应致力于促进家校社合作，以形成开展科学教育的合力。通过这种合作，可以更好地提高学生的科学素养和综合能力，为他们的未来发展打下坚实的基础。

第四节 走向自主建构型小学科学概念教学

一、大概念的形成离不开科学探究

科学探究指的是科学家们用以研究自然界并基于此种研究获得的证

据提出种种解释的多种不同途径，也指学生们用以获取知识、领域科学的思想观念、领悟科学家们研究自然界所用的方法进行的各种活动。[①]

科学探究是一种通过观察、实验、推理等方式来探究自然现象和科学规律的过程。在这个过程中，学生可以亲身参与科学实践，通过动手操作、观察实验结果、分析数据等方式，探索科学概念的本质和内在联系。科学探究有利于促进学生对大概念的理解，帮助学生运用大概念揭示事物规律，理解科学本质；科学探究还有助于促进学生学习能力和态度的发展，帮助学生获得解决问题的能力，形成科学严谨的态度。用探究的方法来学习科学概念，学习者通过自己的思维和实际活动来获得对知识的理解。可以说，这种探究过程能够帮助学生形成更加全面和深入的科学概念，并在此基础上形成大概念。

大概念是对科学概念更高层次的认识和理解，是对科学概念内在联系和规律的把握。通过科学探究，学生可以深入理解科学概念之间的联系和规律，从而形成大概念。同时，科学探究也可以帮助学生认识到科学的本质和价值，形成正确的科学态度和价值观。

因此，教师在进行科学教育时，应该注重科学探究的教学，为学生提供更多的实践机会和探究空间，引导学生积极参与科学探究的过程。同时，教师还应该注重培养学生的观察能力、实验操作能力、逻辑思维能力、创新思维能力等，以提高学生的科学探究能力，促进大概念的形成。

二、科学概念的形成依赖于学生的自主建构

何为自主？自主指自己做主，不受别人支配。心理学中自主就是遇事有主见，能对自己的行为负责。

---

① 美国国家研究理事会 . 美国国家科学教育标准 [M]. 戢守志，译 . 北京：科学技术文献出版社，1999：30.

自主学习是指学生个体在学习过程中一种主动而积极自觉的学习行为。建立在学生具有内在学习动机基础上的"想学";建立在学生掌握了一定的学习策略基础上的"会学";建立在意志努力基础上的"坚持学"。它是一个系统工程,需要广大教师转变教育教学观念,研究学生的学习规律,探索新的教育教学管理策略,寻求有利于培养学生自主学习能力的教学模式。在教师的指导和管理下使广大学生增强自主学习意识,掌握学习方法,养成学习习惯。自主学习可分为三个方面:一是对自己的学习活动的计划和安排;二是对自己实际学习活动的监察、评价、反馈;三是对自己的学习活动进行调节、修正和控制。

在教育界流传这样一句名言:"耳闻易忘,目睹为实,躬亲则明。"每一位学习者都必须以对自己有意义的方式去学习,这是唯一的可以与个体已经拥有的知识、经历或概念相联系的学习途径。学生们所学的东西不是对环境观察的复制,而是自己进行思考和处理的结果。

学生的学习是一个主动建构和理解的过程,并非被动地接收或者被"灌输"信息,而是儿童与同伴、教师一起学习的过程,在其中获得直接经验,并在已有知识基础上建构自己的理解,形成一定的知识结构。将接受的知识转化成学习者自己的理解和可以运用的知识会有一定的困难。因此,为使接受式学习更加有效,教师要做的最重要的事情是保证学生之前有动手做(发现)的经验,在动手做的基础上,帮助其理解接受知识。科学概念的形成,依赖于学生的自主建构。

三、走向自主建构型小学科学概念教学

儿童的学习过程可理解为不断同化和顺应的过程。同化包含着对输入的信息进行识别、处理,使它最大限度地与个体已有的认知结构相适应。其结果是把从环境中得来的信息进行重组并结合到已有的认知结构中去。每个人的背景知识及经历不同,对同一信息的处理或理解也不同。例如,一块石头,在儿童看来是一个玩具,在泥瓦工看来是一座

房子的奠基石，在雕刻家看来则是一件有潜力的雕刻品……当输入信息与个体现有的认知结构不相符合时，就会造成不平衡的现象，这时个体必须修改原认知结构以便建立一个新的平衡状态，这个过程称为"顺应"。

以学生为中心，强调学生对知识的主动探索、主动发现和对所学知识意义的主动建构，而不是像传统教学那样，只是把知识从教师头脑中传送到学生的笔记本上。以学生为中心，强调的是"学"；以教师为中心，强调的是"教"。这正是两种教育思想、教学观念最根本的分歧点，由此而发展出两种不同的学习理论、教学理论和教学设计理论。

教师的作用是引导学生自己发现并作出相关连接，从而形成有效的、内化的、适合自我的意义。教师通过提问，可发现学生是如何把已有的信息与主题连接起来的，进而引导学生开展科学探究。教师通过与学生交流，可发现学生是怎样构建新信息的，进而帮助他们以更有效、更有意义的方式去重新构建信息，形成正确结论。

学生是教育过程中的"主角"，教师是教育活动中的组织者和引导者，为学生建构自己的知识框架提供条件。这就像学生要建造一座房子一样，一个好的教师应该是建材市场的一个经理，为学生提供各种建筑材料，帮助他们设计草图，然后让学生自己动手去"建造"房子。教师不应该是一个房地产商，先让人盖好房子，然后再卖给学生。

第二章 自主建构型小学科学概念教学的模式建构

　　自主建构型小学科学概念教学依托信息加工理论、建构主义理论、概念教学理论，以"面向全体学生，立足素养发展；聚焦核心概念，精选课程内容；科学安排进阶，形成有序结构；激发学习动机，加强探究实践；重视综合评价，促进学生发展"为基本理念，从科学观念、科学思维、探究实践、态度责任四个维度定位目标，从前概念的挖掘、结构性材料的开发、问题逻辑的设计、概念抽象、生活还原五个要素展开实践。

第一节　自主建构型小学科学概念教学的理论基础

一、信息加工理论

　　信息加工理论关注人们如何注意环境中的事件，对要学习的信息如何编码，怎样把信息和记忆中的知识联系起来，将新知识存储在记忆中，在需要的时候提取出来。信息加工理论的原则有三个：一是心理，是一个信息加工系统；二是认知，是一系列心理加工过程；三是学习，就是获得心理表征。

（一）信息加工理论的基本假设

信息加工研究者不太关注外部条件，他们更关注在刺激与反应之间产生作用的内部心理过程。信息加工理论认为，学习者是信息的积极寻找者和加工者，他们选择和注意环境的特点，将信息进行转换和复述，把新信息和先前获得的知识联系起来，并将信息重新组织起来，使之变得有意义。信息加工理论有以下三个基本假设。

第一个假设是信息加工发生在接受刺激到作出反应的各个阶段。这表明，信息的形式或者它在心理上的表征依阶段的不同而不同，从一个阶段到另一个阶段存在本质的差异。

第二个假设是人类信息加工过程类似于计算机的加工过程。人的功能系统类似于计算机，即获取信息，将信息储存于记忆中，需要的时候提取出来。这种认知过程非常高效，很少有浪费或重叠的现象。

第三个假设是信息加工过程设计所有的认知活动，包括感知、复述、思考、问题解决、记忆、遗忘和想象等。

（二）信息加工理论的双储存模式

双储存模式也称为双重记忆模式，是用于解释学习和记忆过程的基本的信息加工理论，它揭示了人类信息加工的模式，体现了加工分阶段进行的思想，包括输入、感觉登记、工作记忆、长时记忆、控制（执行）过程等要素。

双储存模式可以解释许多研究结果，目前研究者最为一致的发现是，当学习者学习一列字词时，最早学的和最后学的字词的回忆效果最好，即出现首因效应和近因效应。双储存模式说明，最先学的字词被复述的次数最多，因而转入了长时记忆中，最后学的字词在回忆时还处在工作记忆中，因此还有印象，所以对它们的回忆效果最好。而位于中间的字词，一方面复述的次数少于最先学习的字词，没有被恰当地储存在长时记忆中，另一方面回忆时已经不在工作记忆里，所以对它们的回忆效果最差。

（三）信息加工理论的教学应用

信息加工理论在学校教育教学中得到了广泛应用，三种主要的教学应用分别是先行组织者、学习条件和认知负荷。

1. 先行组织者

先行组织者是指教师在授课开始时进行的广泛性陈述，它可以帮助学生在新知识和先前知识间建立联系，指导学生注意所要学习材料中的重要概念。先行组织者强调所呈现观点间的内在关系，在新材料和学生已有知识间建立新的联系。

先行组织者理念源于奥苏贝尔的有意义学习理论，只有当新的材料与长时记忆中的相关概念形成系统的联系时，学习才是有意义的。先行组织者可以分为说明性组织者和比较性组织者。研究表明，先行组织者可以帮助学生把新材料和更广泛的经验联系起来，从而促进学习和迁移。

2. 学习条件

学习条件是指学习发生时的主要情境，它会影响到学习的结果，包括内部学习条件和外部学习条件。

内部学习条件是先决技能和认知加工的必要成分，是学习者目前的能力及储存在长时记忆中与之相关的知识。这要求教师在教学前，应先了解学生的已有知识和经验，基于学生的实际水平开展教学。外部学习条件是支持学习者认知加工的环境刺激，它随着学习者对学习结果的要求和内部调节的不同而变化。这要求教师在教学时，需要选择合适的外部刺激，如创设合适的学习情境、提供合适的探究活动和活动材料等，促进学生的有效学习。

3. 认知负荷

认知负荷理念认为，信息加工系统可以立即处理大量的加工过程，如果太多的刺激同时产生，由于工作记忆的容量是有限的，很多信息会被错过。因此，教师在进行教学设计时，应考虑到加工限度的问题，引导学生将注意力集中在重要的学习内容上，而较少关注或不关注其他内容，这样学习的效果将达到最好。

认知负荷理念对教师的教学提出了三点建议。第一个建议是教学方法应该减少外在认知负荷从而使现有的资源可以全部投入学习中。第二个建议是采用由简单到复杂的学习过程。第三个建议是在教学中使用真实任务。真实世界的任务不需要学习者为了理解情境而参与外在的信息加工，可以降低外在负荷。

二、建构主义理论

建构主义理论是当代欧美国家兴起的一种庞杂的社会科学理论，到今天已经形成了各种不同的建构主义分支，对科学教育改革产生重大的影响。

建构主义作为一种认知方式并不是当代独有的，中国古代教育家孔子倡导的启发式教学法和苏格拉底的"产婆术"问答法，无不体现了建构主义的精髓。"耳闻易忘，目睹为实，躬亲则明。""不闻不若闻之，闻之不若见之，见之不若知之，知之不若行之。"这类留传至今的名言也说明凡是能够促进学生独立思考的教育观念都有建构主义的因素。

（一）建构主义的发展历程

1. 早期建构主义

早期建构主义是认知学理论的进一步发展。18 世纪意大利著名哲学家加姆巴迪斯·威科是早期建构主义的先驱。1710 年，威科提出了早期建构主义的基本思想，他对现实的本质解释如下：（1）认识者除了他们自己所组建起来的认识结构外就一无所知了；（2）只有上帝知道真正的世界，因为他知道他是怎样以及用什么来制造世界的；（3）相比之下，人类也只能知道他们自己已经建立的东西。[①]

另一位早期建构主义学者冯·格拉斯费尔德认为，一旦教师抛弃知识是可以转移给学生的"物品"的观点，那么另一种观点必须被一种尽力去发现孩子们头脑里到底在想什么的想法所取代。早期建构主义的基础理论主要源于皮亚杰、布鲁纳、维果茨基的思想。他们的认知学习观主要在于解释如何使客观知识结构通过个体与之交互作用而内化为认知结构。

2. 现代建构主义

当今的建构主义对学习和教学作出了许多新的解释，是学习和教学理论在早期建构主义基础上的一次大综合发展，是为改革传统教学而进行的一次大胆尝试。当今的建构主义者主张，世界是客观存在的，但对于世界的理解或者解释和赋予意义却是由每个人自己决定的，人们是以自己的经验为基础来建构现实或者解释现实的。

基于现代建构主义的观点，在我国当前的科学教育中，要真正提高科学教育的质量，促进学生学科素养的发展，应该注意和重视以下几个方面：（1）培养和提高儿童的学科素养是学科教育的目标；（2）珍视学生的前科学概念，正确地引导其建立科学概念；（3）关注"学生的问题"，面向生活，面向社会；（4）辩证地处理"学生主体"和"教师主导"的关系；（5）注意加强学生间的合作与交流。

（二）建构主义的代表人物

1. 皮亚杰

皮亚杰是瑞士心理学家，是儿童认知发展理论的创始人。他对儿童的认知发展进行了系统的研究，将儿童的认知发展分为四个阶段：感知

---

① 大卫·杰纳·马丁. 科学课教学研究 [M]. 薛伟江，译. 长春：长春出版社，2008：79.

运算阶段（2岁以前）、前运算阶段（3~7岁）、具体运算阶段（8~11岁）和形式运算阶段（11岁以后）。

皮亚杰认为，儿童的认知发展受三个基本过程的影响：同化、顺应和平衡。同化指个体在感受到刺激时，把它们纳入头脑中原有的图式，使其成为图式的一部分。顺应是指个体调节自己内部结构以适应特定刺激情境的过程。当个体不能用原有图式同化新的刺激时，便要对原有图式加以修改或重建，以适应环境，这就是顺应的过程。个体每当遇到新的刺激时，总是试图用原有图式去同化，若获得成功，便得到暂时的平衡。如果用原有图式无法同化环境刺激，个体便会作出顺应，即调节原有图式或重建新图式，直至达到认识上新的平衡。

2. 布鲁纳

布鲁纳是美国教育心理学家和教育家，是当代认知心理学派和结构主义教育思想的代表人物之一。他认为学习是通过获得意义和意象，从而形成认知结构的过程。学习的实质在于发现，发现学习，是一种最佳的方式。布鲁纳曾说："任何学科都可以用理智上忠实的形式教给任何年龄阶段的任何儿童。"[①] 教育者应该把发现学习作为儿童教学的主要方法，以鼓励儿童去发现知识的奥秘，去掌握学科的结构。

布鲁纳认为，人类学习中似乎有个必不可少的成分，它像发现一样，是尽力探索情境的机会。他的发现学习理论强调了以下四个方面：

（1）强调学习过程。学生不是被动的、消极的知识接收者，而是主动的、积极的知识探究者。教师的作用是要创设一种能够让学生独立探究的情境，而不是提供现成的知识。（2）强调直觉思维。直觉思维的本质是映像或图像性的，它不是按照仔细规定好的步骤进行的，而是采取

---

① 周青. 科学课程教学论 [M]. 北京：科学出版社，2007.131.

跃进、越级和走捷径的方式来思维。在学生的探究活动中，教师要帮助学生形成丰富的想象，防止过早语言化，与其指示学生如何做，不如让学生自己试着做，边做边想。（3）强调内在动机。重视形成学生的内部动机，或把外部动机转化为内部动机，发现活动有利于激发学生的好奇心。学生容易受好奇心的驱使，对探究未知的结果表现出兴趣。（4）强调信息提取。记忆的首要问题不是储存，而是提取，其关键在于如何组织信息，知道信息储存在哪里和怎样才能提取信息。

3. 维果茨基

维果茨基是苏联著名的心理学家，主要研究儿童心理与教育心理学，着重探讨思维与语言、儿童学习与发展的关系问题。维果茨基认为，认知过程中学习者所处的社会历史文化背景起着非常重要的作用，即人的思维的内容和过程都不可避免地受社会文化的影响。儿童学习的过程是一个不断地将人类社会知识内化的过程，因而教师、家长及社会因素对儿童的成长至关重要。

维果茨基对建构主义理论的重要贡献之一是他提出了"最近发展区"概念，即儿童的独立思维和操作能力与在他人（如教师、家长）的协助下能达到的水平之间的差距。儿童学习的过程，也就是其"最近发展区"不断上升的过程。教师的任务在于思考如何在儿童的"最近发展区"内对儿童的学习给予恰到好处的帮助与支持。

（三）建构主义的科学教育观

建构主义的理论认为，每一位学习者都必须以对自己有意义的方式去学习，这是唯一的可以与个体已经拥有的知识、经历或概念相联系的学习途径。儿童所学的东西不是对环境观察的复制，而是自己进行思考和处理的结果。

学生是教育过程中的"主角"，教师是教育活动中的组织者和引导者，为学生建构自己的知识框架提供条件。这就像学生要建造一座房子一样，一个好的教师应该是建材市场的一个经理，为学生提供各种建筑材料，帮助他们设计草图，然后让学生自己动手去"建造"房子。教师不应该是一个房地产商，先让人盖好房子，然后再卖给学生。

1. 建构主义的知识观

建构主义的知识观认为，知识应当被看作是个人和社会建构的，而不是临时的和绝对的。知识不是对现实纯粹客观的反映，任何一种传载知识的符号系统都不是绝对真实的表征，它是相对的，是一种认知过程。建构主义者承认外部现实的存在，但不承认它们能够被完全认识。

2. 建构主义的学习观

建构主义的学习观认为，学习不是教师把知识直接传授给学生，而是学生自己建构知识的意义。学习是个人通过与其他成员（教师、同学、家长、伙伴）互相作用而获得关于世界的解释。学习不仅是学生个体的建构活动，也是学生共同合作建构的过程，互动交流是知识建构的重要方式。

3. 建构主义的教学观

建构主义的教学观认为，教师要创建教学情境，把学生现有的学习经验作为新知识的生长点，激发学生的学习兴趣，努力调动学生的学习积极性，帮助学生发现问题、分析问题和解决问题。教师的身份从知识的传授者变为学习活动的组织者、知识的管理者、知识建构的促进者、学习环境的设计者和学习过程的合作者。

三、概念教学理论

概念是思维的基本单位，是认知的起点，是建构人类社会的基础。概念被认为是一种心理表征，而概念学习就是对这种心理表征的获得。对概念的学习是所有学习的基础，概念学习一直以来都是教育学和心理学研究的主要问题之一。

（一）概念的本质

概念指的是具有共同特征的物体、符号或事件的标记系统，它代表了一类具有共同属性的事物、事件、行动或关系，而且可以用一个特定的名称或符号来表示。概念是对类别的心理构想或表征，概念学习则是形成表征的过程。学习者能够识别某类事物的属性，并把这些属性推广到新的样例上，以及区分概念的实例和非实例。

概念可以涉及具体的事物，能够直接观察到的，如黑色、圆形、凳子、猫、苹果等，这类概念称之为具体概念。概念也可以涉及抽象的事物，无法直接观察到，只能根据定义来学习的，如信心、爱、民主、温度、平方根、质数等，这类概念称之为定义概念。定义概念实际上是一种对不同事物进行分门别类的规则，人们能够通过学习这种概念来识别概念内部的关系，并把这个概念与其他概念区别开来。

（二）概念的形成

认知心理学家认为概念是一种心理表征，而概念学习就是对这种心理表征的获得。关于概念形成或心理表征获得的机制，认知心理学家主要有两种看法：相似说和理论说。

1. 相似说

相似说也叫作分类说，认为概念是从多个例子中分离出相似性而形成的。相似说又可以分为三类：经典说、原型说和范例说。

经典说也称为规则说，认为人们是依据定义或者规则之类的东西进行分类的。正例之间具有共同的定义属性，概念的形成就是获得这些定义属性的过程。例如，"岩石"这个概念可以定义为"自然形成的坚硬的石头"。自然和坚硬的石头是岩石这个概念的定义属性，而具备这两种属性的石头就是岩石，学习"岩石"这个概念就是识别出这两个定义属性。

原型说也称为概率说，认为概念是对原型的总结性描述。原型具有不同的、独立的以及不同权重的属性，这些属性的概率是不同的，且不是本质的定义属性。判断正反例的依据在于这个例子与原型的匹配程度，越典型的例子就越拥有更多与原型匹配的属性。因此，一些例子往往比其他的例子更具代表性。例如，对于"斜面"这个概念来说，斜坡比螺纹更有代表性。

范例说使用多重表征来对事物进行分类，认为人们是根据储存在脑中的范例进行分类的。例如，对于"矿物"这个概念来说，钻石可能与水晶、石英相匹配，铁矿可能与铜矿、铝矿相匹配。

但是，相似说由于根据不同例子之间的相似性来解释概念，因此往往忽视了关系、情境以及知识因素的影响。

2. 理论说

理论说认为，概念形成的依据是人们关于世界的理论。概念的形成被认为是属性、例子和概念三者之间的关系。不同的例子属于同一个概念，不是因为它们之间的相似性，而是因为人们对概念的解释。例如，某人把水分类为导体（或者不是导体）是基于他们对水和导体这两个概念的属性以及例子之间相互联系的认识。

理论说不仅考虑到了属性、例子和概念三者之间的联系，还克服了相似说的局限性。这种观点在解释概念的形成上更有说服力。然而，依据什么理论，一个例子是怎样被归为一个类别，往往没有固定的标准。

因此，为了更好地理解概念的形成，研究者建议综合考虑和运用相似说和理论说的观点。

（三）概念的教学

1. 概念教学的模式

坦尼森以实证为依据，发展了概念教学的模式。这个模式包括以下四步：第一步，确定概念的结构，包括上位概念、下位概念、平行概念，同时确定概念的关键属性和可变属性；第二步，按照关键属性定义概念，并准备几个同时具有关键属性和可变属性的例子；第三步，根据属性来安排各个概念的一组例子，并且确保每一组例子（包括某一个等级概念的许多例子）中，各个例子具有类似的可变属性；第四步，根据例子与概念的偏离程度和例子的难度来排列和呈现各组例子，而在每组例子中，又按照学习者现有的知识来排列例子。

我们以小学科学教师引导学生认识和辨别"固体"和"液体"的教学为例，举例说明概念教学模式的四个步骤。第一步，教师分析并确定"固体"和"液体"的概念结构，它们的上位概念是"物体"，"固体"的下位概念有"石头""铁片""笔"等，"液体"的下位概念有"水""油""蜂蜜"等，"固体"和"液体"互为平行概念。第二步，根据关键属性和可变属性概念，准备实物教学材料，"固体"的关键属性是"具有固定的形状"，液体的关键属性是"没有固定的形状"，它们的可变属性是"颜色""大小"等，因此教师准备的固体学习材料可以有红色的橡皮擦、白色的橡皮擦，大弹珠、小弹珠，圆形的木块、方形的木块等；准备的液体学习材料可以有无色的水、染成红色的水，一大杯蜂蜜、一小杯蜂蜜等。第三步，引导学生将材料分为两类，识别它们的关键属性（有固定形状和没有固定形状）。第四步，教师将学生的注意力集中在固体（或液体）的概念上，引导学生观察固体（或液体）的学习材料，辨别固体（或液体）的可变属性。

2. 概念教学的注意事项

概念教学应关注概念的经验性。概念不只是某种由记忆形成的联结的总和，也不只是一种心理的习惯；它是一种复杂而又真实的思维活动。刚步入学习的儿童和经验丰富的成人对相同概念的理解是不一样的。同理，由于每个学生的生活经验、生活方式存在很大差异，他们对相同概念的理解程度也是不一样的。

概念教学应弄清概念的内涵和外延。概念是由内涵和外延组成的，这是概念的基本特征。教师引导学生弄清概念的内涵和外延，能够有效地促进学生理解和掌握概念。

概念教学应创设概念的应用情境。将概念应用于生活实践，是概念的具体化过程，能够进一步丰富和深化概念、加深学生对概念的理解。因此，教师要创设概念的应用情境，引导学生在实践中运用概念。

概念教学应精选典型事例。感性认识是学生进行思维加工形成概念的原料，为了使学生能在感性认识的基础上对所学概念进行分析和提炼，教师需要精选出具有主要类型的、本质联系明显的，以及与日常观念矛盾突出的典型事例来进行概念教学。

第二节　自主建构型小学科学概念教学的基本理念

一、面向全体学生，立足素养发展

小学科学概念教学立足学生核心素养的发展，以了解物质科学、生命科学、地球与宇宙科学、技术与工程等领域的一些常见基础知识并初步形成基本的科学观念为基础，以科学思维能力、科学探究和实践能力、科学态度与社会责任的培养为重点，促进学习能力、创新能力的发展，形成清晰和精准的科学课程目标。

二、聚焦核心概念，精选课程内容

小学科学概念教学遵循"少而精"原则，聚焦学科核心概念，精选与每个核心概念相关的学习内容，设计相应的系列学习活动，使其能适合学生的年龄特征，并能突出重点、明确要求，确保学生有充足的时间探究、实践与思考。在学习学科核心概念的基础上，学生能够理解跨学科概念，并应用于真实情境中。根据"六三"学制和"五四"学制各自特点，合理安排与组织课程内容。

三、科学安排进阶，形成有序结构

小学科学概念教学基于学生的认知水平和知识经验，科学安排学习进阶。一是学习内容由浅入深、由表及里、由易到难，二是学习活动从简单到综合。将学习内容和学习活动有机整合，规划适合不同学段的、螺旋上升的课程目标和课程内容，设计适合不同学段的探究和实践活动，形成有序递进的课程结构。

四、激发学习动机，加强探究实践

科学概念教学倡导以探究和实践为主的多样化学习方式，激发学生学习科学的内在动机；突出学生的主体地位，让学生主动参与、动手动脑、积极体验，经历科学探究以及技术与工程实践的过程；重视师生互动和生生互动，引导学生对所学知识和方法进行总结、反思、应用和迁移，促进学生自主学习和合作学习。

五、重视综合评价，促进学生发展

科学概念教学要构建素养导向的综合评价体系。改进结果评价，重视对正确价值观、必备品格和关键能力的考查；强化过程评价，重视"教—学—评"一体化，关注学生在探究和实践过程中的真实表现与思维活动；探索增值评价，发挥评价的诊断功能、激励作用和促进作用，关注个体差异，改进学习过程。

第三节　小学科学概念教学的目标定位

教学目标是课堂教学的核心灵魂，是一切教学活动的出发点和归宿点。教学目标是指在课堂教学中，教师对学生通过教学所能达到的学习结果的预期和估计，它对课堂教学活动的设计起引导作用，为教学的评价提供依据。

小学科学课程的总目标旨在培养学生的核心素养，为学生的终身发展奠定基础，包括掌握基本的科学知识，形成初步的科学观念；掌握基本的思维方法，具有初步的科学思维能力；掌握基本的科学方法，具有初步的探究实践能力；树立基本的科学态度，具有正确的价值观和社会责任感。

美国著名心理学家布卢姆把人类学习分为三个领域，即认知领域、情感领域和动作技能领域。《小学科学 3~6 年级课程标准（实验稿）》主要依据布卢姆的分类方法对教学目标进行分类，从三个维度划分教学目标，即知识与技能、过程与方法、情感态度与价值观。《义务教育小学科学课程标准（2017 年版）》增加技术与工程领域，突出科学、技术和工程的关联，将教学目标分为科学知识，科学探究，科学态度，科学、技术、社会与环境。《义务教育科学课程标准（2022 年版）》确定了科学课程对学生的核心素养发展要求，从科学观念、科学思维、探究实践、态度责任四个方面提出课程要求。

教学目标定位得是否合理直接关系到课堂的有效性，只有科学合理地定位课堂教学目标，才能提高课堂教学的效率。小学科学概念教学的目标定位既要适合课程标准，也要适合教学内容，还要适合学生实际。课程标准是制订教学目标的重要依据。在定位教学目标时，要仔细研读、深入理解科学课程标准提出的总目标和具体目标，同时兼顾教学内容和学生实际。因此，我们将小学科学概念教学的目标分学段定位于科学观念、科学思维、探究实践、态度责任这四个方面。

一、科学观念

1～2 年级

认识常见物体的基本外部特征，认识生活中常见的材料；知道生活中常见的力，认识力可以改变物体的形状。

认识周边常见的植物和动物，能简单描述其外部主要特征和生长过程；知道植物和动物的生存需要环境条件。

能描述太阳升落、季节变化和月亮形状变化等自然现象，说出天气变化及其对人类生活的影响；知道地球是人类和动植物的共同家园。

知道自然物和人造物存在区别；知道常见简单科技产品的结构决定了其功能，知道简单的制作问题需要定义和界定。

3～4 年级

认识常见物体的某些特征和常见材料的某些性能；认识物体有多种运动形式，力可以改变物体的运动状态，运动的物体具有能量；了解日常生活中能存在的不同形式。

能区分植物和动物的主要特征，并能对植物和动物进行简单分类；认识植物的某些结构、动物的某些结构与行为具有维持自身生存的功能；认识生物通过生殖、发育实现生命的延续。

认识太阳、地球和月球，知道它们之间的空间关系；知道大气、水、土壤都是地球系统的基本要素；知道人类生活离不开自然资源，能认识到节约自然资源和保护环境的重要性。

知道生活中的天然材料和人造材料存在区别；知道技术产品包含科学概念、原理；知道简单的设计问题存在限制条件，并有多种设计方案。

5～6 年级

初步认识常见物质的变化，知道物体变化时构成物体的物质可能改变也可能不改变；知道自然界存在多种形式的能，不同形式的能可以相互转化；初步了解热能及其传递方式。

认识细胞是生物体结构的基本单位；初步认识生物体的结构层次，以及形态结构与功能的关系；简单描述生物与生物、生物与环境之间相互依存的关系，以及生物的多样性和进化现象。

知道太阳、地球和月球的周期性运动以及相关的自然现象，能认识到太空探索拓宽了人类的视野；知道地球系统不同圈层的相互作用产生了各种自然现象；知道自然灾害对人类的影响和防灾减灾常识，能认识到调整人类不合理的生产和生活方式，可以减少对地球环境的影响。

知道利用技术与工程能提高生产效率和工作效率，知道技术与工程对科学发展有促进作用，知道简单工程存在一定约束条件及验收标准。

二、科学思维

1～2年级

能在教师指导下，观察具体事物的构成要素，通过口述、画图等方式描述事物的外在特征；能利用材料和工具，通过口述、绘画、画图等方式表达自己的想法。

能在教师指导下，辨别二维空间中的东西南北和上下左右；比较事物之间外在特征的不同点和相同点；根据事物的外在特征，对常见事物进行分类；初步分清观点与事实，根据问题提出假设，具有提供证据的意识。

初步具有从不同角度提出观点的意识，能突破对常见物品功能的思维定势，利用发散思维、重组思维等方法，提出不同想法。

3～4年级

能在教师引导下，观察并描述具体事物的构成要素，分析并表达要素之间的关系，找到它们之间重要的、共同的特征；利用模型解释简单的科学现象。

能在教师引导下，用二维方式表达三维空间的物体；比较事物的某些本质特征，根据不同的目的进行分类，基于事物之间的功能相似性进行类比；分析事物的特征及结构，建立事实与观点之间的联系；根据问题提出假设，能提供支撑性的证据；可以利用控制变量的方法设计简单的实验。

初步掌握重组思维、发散思维、突破定势等创造性思维的基本方法，能基于具体事物外在特征展开想象，突破生活中常见问题的思维定势，提出有一定新颖性和合理性的观点，针对事物的外在特征进行设计，并对方案进行初步的科学分析。

5～6年级

通过分析、比较、抽象、概括等方法，抓住简单事物的本质特征，展示对事物的系统、结构、关系、过程及循环的理解，能使用或建构模型，解释有关的科学现象和过程。

能形成事物动态变化的图景，掌握比较的方法和分类的基本要求，善于用类比的方法认识事物的特征，理解归纳推理和演绎推理的基本方法并用于解决真实情境中的简单问题，抽象概括常见事物的本质特征，比较全面地分析问题的各种影响因素；针对具体问题提出假设，基于交流情境提出观点，建立证据与假设或观点之间的联系；分析科学实验中的变量控制。

具有基于事物的结构、功能等展开想象的能力，能运用重组思维、发散思维、突破定势等创造性思维的基本方法，基于科学原理提出有一定新颖性和合理性的观点；能进行初步的创意设计，并利用影像、文字或实物表达自己的创意。

三、探究实践

1～2年级

能在教师指导下，通过对具体现象与事物的观察和比较，提出感兴趣的问题，作出简单猜想，并了解科学探究需要制订计划。具有初步的提出问题和制订计划的意识。

能利用多种感官或简单的工具，观察对象的外部形态特征及现象，并能对这些特征和现象进行简单的比较、分类等。具有初步的收集信息和得出结论的意识。

具有简单交流、评价探究过程和结果的意识。

知道简单工具的功能和使用方法，能利用身边的材料和简单工具动手完成简单的任务，能发现作品中存在的问题并尝试提出解决方案。

能在教师的指导下完成学习任务，进行总结反思，初步养成良好的学习习惯。

3～4年级

能在教师引导下，通过对具体现象与事物的观察和比较，提出可探究的科学问题，并基于已有经验和所学知识，从现象和事件发生的条件、过程、原因等方面提出假设，制订简单的探究计划。初步具有根据具体现象与事物提出探究问题，基于已有经验和知识制订简单探究计划的能力。

能运用感官和选择恰当的工具、仪器，观察并描述对象的外部形态特征及现象，用较准确的科学词汇、统计图表等记录和整理信息，并运用分析、比较、推理、概括等方法，分析结果，得出结论。初步具有描述对象外部特征和现象，以及分析处理信息并得出结论的能力。

能准确讲述并反思自己的探究过程和结果，作出自我评价与调整。初步具有交流、反思以及评价探究过程和结果的意识。

掌握常见工具的使用方法；能拆开简单产品并复原，制作某种产品的简化实物模型并反映其中的部分科学原理；能发现作品的不足并进行改进。初步具有参与技术与工程实践的意识及使用常见工具的技能。

能在教师引导下，制订和执行学习计划，运用基本的学习方法，对学习过程和结果进行总结与反思，养成良好的学习习惯。

5～6年级

能基于所学知识，从事物的结构、功能、变化及相互关系等角度提出可探究的科学问题和研究假设，制订比较完整的探究计划，设计控制变量的实验方案。初步具有从事物的结构、功能、变化及相互关系等角度，提出问题和制订比较完整的探究计划的能力。

能运用观察、实验、查阅资料、实地调查、案例分析等方式获取信息，用科学语言、概念图、统计图表等记录整理信息，表述探究结果，并运用分析、比较、推理、概括等方法得出科学探究的结论，判断结论与假设是否一致。初步具有获取信息、运用科学方法描述和处理信息并得出结论的能力。

采用不同方式（如小论文、调查报告等）呈现探究的过程与结果，尝试运用科学原理进行解释，对探究活动进行过程性反思和总结性评价，完善探究报告。初步具有交流探究过程和结果，并进行评价、反思、改进的能力。

能利用相关仪器设备进行观察并记录；应用所学科学原理设计并制作简单的装置，能进行模拟演示并简要解释；能根据证据改进实物模型的设计和制作。具有初步的构思、设计、实施、验证与改进的能力。

能自主制订和执行学习计划，掌握基本的学习方法，探索适合自身特点的学习策略，进行有效地总结和反思。具有初步的制订学习计划、监控学习过程和总结反思的能力。

四、态度责任

1～2年级

在好奇心驱使下，对常见自然现象或生活现象表现出直觉兴趣；能如实记录观察到的信息；知道可以有依据地质疑别人的观点，尝试从不同角度、以不同方式认识事物；愿意倾听他人的想法，乐于分享和表达自己的想法。

了解生活中常见的科技产品能给人类生活带来的便利，知道科技产品有利也有弊；树立珍爱生命、节约资源和保护环境的意识。

3～4年级

在好奇心驱使下，乐于动手操作感兴趣的事物；知道科学学科的学习与实践要实事求是，能如实记录和报告观察与实验的信息，具有基于事实表达观点的意识；能有依据地质疑别人的观点，尝试运用不同思路和方法完成探究和实践；愿意分享自己的想法，乐于倾听他人观点，改进和完善探究活动。

了解科学技术对人类生活方式和生产方式有影响，人类的生活和生产可能对环境造成破坏；知道节约资源和保护环境的重要性。

5～6年级

在好奇心驱使下，表现出对现象发生原因的因果兴趣；不盲从，不迷信权威，能以事实为依据作出独立判断，面对有说服力的证据，愿意调整自己的想法；善于有依据地质疑别人的观点，乐于尝试运用多种思路和方法完成探究和实践，初步具有创新的兴趣；就科学问题在认识上的分歧，乐于与他人进行沟通交流和辩论，基于证据反思和调整探究活动。

了解科学、技术、社会、环境之间的相互影响，以及科学研究和技术应用中需要考虑伦理道德；愿意采取行动保护环境、节约资源。

第四节　自主建构型小学科学概念教学的实践要素

一、前概念的挖掘

前概念代表学生已有的科学知识和生活经验，是学习的起点。挖掘学生的前概念就是要在前概念和科学核心概念之间搭建起一座桥梁，让学生在动手实践的过程中产生思维的转变。法国思想家卢梭认为"儿童最好是在生活中学习"，美国教育家杜威强调儿童要"从做中学""从经验中学"，陶行知提出"教育只有通过生活，才能产生作用"。可见生活是学生前概念的来源，教师应关注学生的已有生活经验，了解学生的前概念。同时，教师在备课和教学实施过程中应着眼于学生的最近发展区，即学生现有水平和可能发展到的水平间的差异，为学生提供的科学探究过程既不能低于也不能超出学生的最近发展区，要落在最近发展区内，遵循循序渐进的原则。

了解学生前概念的方法是多样的，例如，对学生进行上课前的前测，通过前测收集的信息，了解学生对将要学习的知识的掌握情况；也可以通过课前访谈来了解，课前对班级学生进行个别访谈；还可以通过课堂上的师生对话，时时"摸清"学生的已有知识。经过多年的小学科学教学实践，我们发现，绝大多数学生的科学探究水平与教参教材里所描述的及老师根据教学经验所得出的水平基本上是接近的。这说明科学教学实践有章法可循，并不是随意为之。因此，把握学生的前概念和最近发展区，对培养学生自主建构科学概念的能力具有重要作用。

把握好"前概念"是通往"核心概念"的铺路石。"前概念"经过科学探究过程，又会产生新的科学概念，新的科学概念相对于接下来的探究而言，又是一种"前概念"这类似于一种"链式反应"，学生的思维逐渐向"核心概念"逼近，这样的一种教学方式是我们应该关注的。正因为有了科学课上基于前概念的引导，才有了后续的探究过程，进而使学生的思维逐渐逼近核心概念。

二、结构性材料的开发

科学课上要使用有结构的材料。有结构的材料是指教师精心设计的典型材料，既能揭示教学内容有关的现象，体现教材的科学性；又符合学生年龄特征和认知规律，贴近学生的日常生活。学生通过对材料的探索来发现问题、分析问题、解决问题、获取新知。有结构的材料可能是实验室中的材料，或者是生活中的材料，也可能是教学实践中经改良过的器材设施或自制的材料。这些材料有强烈的导向性和目的性，不仅针对性强，还饱含了教师的教学智慧。

科学研究发现，有结构的材料应符合以下两点要求：（1）不能乱提供，看似"信手拈来"，实则"精雕细琢"，是经过多年的摸索和实践得到的，方便在某一节课中使用，是教学经验和智慧的结晶；（2）生活中易得、简单、易行、贴近生活、富有启迪，能激发学生对其他物体的兴趣。对于有经验的科学老师而言，备课的一半时间都在备材料，一组有结构的材料预示着一堂精彩的课。

科学课探究活动的有效开展离不开活动材料的支持，没有科学材料，就没有办法动手实践，没有办法建构科学模型。可见，精妙的实验材料是科学教学的利器。同时，为了达到自主建构科学概念的目的，不仅要设计有结构的材料，还需要结构化地使用材料，使探究可行且效果明显，从而达到教学目标。

三、问题逻辑的设计

有结构的材料可以泛化，它不一定是有形的实物，也可能体现为问题的逻辑性，即提出逻辑紧密的问题也是一种有结构的教学。著名的科学家牛顿和爱因斯坦就是借助结构式的思维方式，在前人研究的基础上，通过创意的思考，进而提出新观点、新理念。

问题逻辑的设计是有效探究的一种重要形式。问题之间的内在逻辑联系，导向对科学概念的探究，是科学课堂活跃的根基。现在有些科学课存在表面热闹、实则无魂的现象，乍看上去，好像学生们都很积极地参与探究实践，实则犹如萝卜煮萝卜，嚼之无味。原因在于问题之间缺乏内在的逻辑联系或者逻辑关系错误。引导学生发现问题的过程就是教师铺设"脚手架"的引导过程；解决问题的过程就是学生的实践过程，也是发现新问题的过程；解决新问题的过程就是引导学生向问题纵深思考的过程。

问题的引导在小学科学概念教学中具有重要作用，教师需要重视教学过程中问题引导的整体构思和语言逻辑，要根据学生的实际情况、课堂的变化、学习探究的过程进行问题化的系统组织，即把一个一个的学习问题，有目的地组成问题系统，进行串化、链化、集合化或网络化等。

四、概念抽象

抽象是以概念、判断、推理的形式达到认识事物的本质特性和内在联系的过程。概念抽象是大脑的高层次思维抽象过程。当感性具体的积累达到一定数量时，人脑这个高度发展的物质反应器或精神加工厂就会运用抽象力对感性具体进行"去粗取精、去伪存真、由此及彼、由表及里"的加工改造，使感性具体质变为理性具体，再质变为理性概念。

概念抽象并不是脱离感性具体的空洞抽象，而是更深入、更完全、更正确地反映客观事物的内容和本质的抽象。每一次概念抽象的过程，都是为了能够准确地把握概念的本质、促进概念的发展，使其适用的范围更广、普适性更强。概念抽象是让学生理解概念的本质内涵，通过对概念的归纳、加工和提炼，让学生对概念的外延掌握得更加透彻。

五、生活还原

生活还原即把抽象的概念回归到生活中加以理解，将概念还原成具体的生活现象，使学生能够在不同的生活现象和情境中理解概念，从而实现概念的迁移与应用。

科学概念的学习首先是一个抽象的过程，即将生活现象抽象成科学概念；然后再进行生活还原，即将科学概念还原应用于生活。在这个过程中，概念抽象过程中的生活现象是单一的、片面的、孤立的，生活还原过程中的生活现象是多元的、多面的、迁移的。经过抽象得到的科学概念需要回归学生的具体生活，让学生学会在现实生活中应用科学知识解决问题，学会举一反三，学以致用。

第三章　科学概念教学中的前概念挖掘

　　科学概念是基于大量观察和实验形成的直观认识，它反映了科学事实的本质。学生带着他们的日常知识和生活经验进入教室，这些经验和知识构成了他们的前概念。这些前概念对他们理解和建构科学概念产生重要的影响。小学科学课程标准中，对科学概念的阐述占有很大的篇幅，是科学教学的重要内容之一。因此，小学科学教学仍应落脚于科学概念教学，教师需要对学生的前概念进行深入细致的研究。

　　前概念是学生知识认知的原点，可能是学生的错误认知或困惑，也可能是学生感兴趣的内容。前概念是学生学习的某个起点，教学目标是学生学习的某个终点，前概念和教学目标之间的差距就是学生的最近发展区。教师可以通过课堂前测明晰学生知识认知的原点，并通过教学将学生的认知原点逐步发展为小概念，再进一步发展到大概念。这一过程不是一蹴而就的，往往需要几年甚至几十年的时间。科学教师要关注学生的前概念，挖掘学生的前概念，将学生的前概念转化为科学概念。

第一节　学生前概念的基本内涵

一、前概念的内涵

（一）前概念的含义

前概念也称为"迷思概念"或"另有概念"，维果茨基称其为"自发概念"。前概念是学生在日常生活和实践中通过各种渠道形成的理解和想法，与科学概念有所不同，它包括学生基于经验和个人思维方式形成的各种想法。

罗纳德·G.古德等学者主张用"前科学概念"，简称"前概念"。他认为，"前科学概念"和"错误概念"相比，否定的意味要少些。"前科学概念"是特定的科学，学习者拥有的前科学概念最终会把学习者引导到当前的科学概念上来。他认为，"前科学概念"直观表达了科学教育研究者想要表达的意思。

我国学者倾向于认为，前科学概念指学习者在接受正式的科学教育之前，在现实生活中通过长期的经验积累与辨别式学习而获得的一些感性印象、积累的一些缺乏概括性和科学性的经验，是一些与科学知识相悖或不一致的观念和规则。

前概念是指不经过专门的教学，通过积累生活经验而形成的概念，是儿童用以解释周围环境和世界的知识框架和基础结构。[①]建构主义认为，概念的学习是一个发展历程，这一过程不可能绕开学生的前概念，必须依靠学生原有的概念进行重建。基于前概念的小学科学概念教学，要让学生的科学概念建立在自己原有的生活经验基础之上，新概念是原有概念与新知识的重新组合。

（二）前概念的特点

皮亚杰1929年出版的《儿童的世界概念》一书对儿童的前概念进行了详尽的研究。其中，对力的研究发现，儿童对力有六种典型的认识：力就是运动；自己能动的东西就有力，反之则无力；力是有意图、有价

---

① 袁维新. 运用概念重建模式促进学生的另类概念转变 [J]. 生物学通报，2009（12）：36-39.

值的动作；力是搬动物体的动作；能持久支撑就有力；力和大小、轻重有关。

在大量实证研究的基础上，研究者们提出儿童的前概念有以下特点：个体差异性、个体概念的不连贯性、稳定性。儿童前概念的一般特征是，知觉主导思考，关注片面、关注变化而不是关注稳定状态，线性因果分析，不加区分地使用科学概念，依赖情境、一些概念占据支配地位。

学生先前的生活经验未必都是错误的，但是这些由学生个体生活经验形成的对科学概念的看法往往是片面、模糊的。在学习新知识时，不少学生只注意到自己所理解的部分。所以，即便在学习后学生通常也不会放弃原有的概念，而是对新概念产生排斥心理，甚至扭曲对新概念的理解，进而导致学生头脑中存在与科学概念不一致的认识。

（三）前概念的转变

研究者们对儿童的科学学习展开了大量研究，发现大部分学生的科学学习是关于自然现象的原有概念的发展或转变，而不是新信息的点滴累积过程。作为科学教师，我们要做的就是充分认识并利用学生前概念积极的方面，并将其作为一种资源进行教学，同时纠正和预防其消极的方面，以实现概念的转变。

新近研究表明，学习不仅是新的知识经验的获得，而且是原有知识经验的改造，即概念转变。概念转变，即学习者掌握知识过程中发生的转变，主要是在原有知识的基础上发展或转变。在概念转变情形下，已有概念得到了根本的转变甚至被取代，成为学生解决问题、解释现象和自主实践的概念框架。

因此，教师必须充分了解学生科学学科的原有知识和经验，了解学生的原有概念哪些是片面的，甚至是对立的，并充分运用学生的原有概念创设教学中的认知冲突情境，以此作为引发学生进行概念转变学习的契机。要转变学生的前概念，仅仅告诉学生"正确"的概念是不够的。

只有在激励性的情境中，在学生的前概念与科学概念的激烈碰撞中，才能解决前概念与科学概念之间的矛盾冲突，实现由前概念向科学概念的转变。

二、前概念与认知发展的关系

认识并不是由一个有自我意识的主体或已经形成的客体引起的。认识是主体和客体之间相互作用的结果，这种作用发生在主体和客体之间，既包含主体又包含客体。这是因为主客体并没有分化，而不是由于不同种类事物之间的相互作用。从人类认识的发展角度来看，前概念的产生是正常且必然的。前概念的产生反映了人类认识发展的一般规律，我们应该接受前概念作为科学含义可转换的认知结构，并将其作为指导思想。

前概念是一种基于当前知识的已有认识，它可能是正确的，也可能是模糊的或错误的。人们的认知发展过程，就是一个不断从前概念发展到新概念的过程。因此，前概念与认知发展有直接的联系。从婴幼儿到青少年，人们大脑中的前概念随着对事物感知和思考的增多而不断分化。这些前概念是他们建立新认知的基础。

人们对于任何知识的学习或接受进而形成的新的认识，都是在前概念的基础上生长的。这种生长，表现为在枝条原有的生长方向形成新的认识，也可以表现为生出分叉，朝着另一个角度开始生长。人类前概念与认知发展的轨迹与树生长相似。因此，教学的要义在于找出学生当前已有的前概念，并让其作为衔接点，从而使学生的认识得到继续生长或在新方向上生长。

三、学生前概念的形成途径

（一）简单枚举

学生通常基于他们有限的生活经验，通过观察到的现象进行简单枚举，这是他们形成前概念的主要方式之一。但是，由于学生往往只看到事物的表面特征，他们可能会错误地将这些特征视为事物的本质，从而形成错误的前概念。例如，学生在日常生活中经历、观察到大量碰撞、敲击、摩擦后能听到声音的现象，就误认为"声音是由物体碰撞、敲击、摩擦产生的"。通过这种方式形成的前概念，由于先入为主的日常生活经验经过了逻辑思维过程，想要扭转是相当不容易的。

（二）错误推理

当学生尝试解释他们遇到的现象时，他们可能会根据自己有限的知识和经验进行简单的推理。有很多学生在日常生活中已形成了像麻雀、燕子、老鹰这样会飞的动物是鸟的前概念，因此他们很难相信鸡、鸭也是鸟，会飞的蝙蝠却不是鸟。这种推理往往是基于错误的前提，显示出学生对"鸟"这一概念的理解是模糊的。

（三）主观臆测

当学生无法用他们现有的知识来解释某些现象时，他们可能会进行主观臆测。例如，关于消化道的构造，有学生就猜测"消化道是一根直管，末端两个开口，分别排出小便和大便"，有的则认为"消化道中间有膨大部分，末端没有开口"，等等。

（四）望文生义

当学生接触到一个新的、自己不熟悉的概念时，他们会根据字面意思给概念下定义。例如，有的学生认为"磁铁是铁的一种"，有的学生认为"白色污染是指白色的废品污染"。许多科学概念的形成有着特殊的历史背景，不能仅仅通过字面意思来理解。虽然这类前概念相对来说容易纠正过来，但望文生义的习惯可能会对学生产生深远的影响。

四、学生前概念的表现形式

对于教材需要学生建立的科学概念而言，学生脑海中已有的前概念大多是不完整的、模糊的甚至是错误的，而且比较顽固，难以转变。小学生的前概念有三种常见的表现形式。

（一）混淆不同概念

将日常概念与科学概念混淆。学生对许多概念已有自己的认识，这些认识对科学概念的形成可能具有积极作用，也有可能具有消极作用。如在学习"溶解"时，很多学生会说"食盐在水里融化了"，他们认为"融化"与"溶解"表达的概念是一致的。也有很多同学认为"白色"即"无色"，"透明"即"无色"等。

（二）概念内涵模糊

小学生对某些概念虽有一定的了解，但对其内涵的认识不够全面，不够准确。例如，大部分学生都知道磁铁有磁性，但也有一些学生认为"条形磁铁中间吸不住大头针，所以磁铁是没有磁性的"。

（三）概念外延错误

对概念内涵认识模糊，常会导致概念外延的错误扩大或缩小。由于学生平常看到的金属大多是固体，感觉比较坚硬，就会认为"金属都是固体，硬的，比较重的，且都不会变形"，有的学生认为人体需要的"糖类"就是"食用糖"，"白色水汽"就是"水蒸气"等。

第二节　学生前概念挖掘的基本理念

一、学生前概念挖掘的理念

理念一：教学是有前概念的

前概念是存在于人们大脑中基于当前知识的已有认识。前概念可能是准确的，也可能是模糊或错误的。它们主要源于日常生活的经验以及正确或错误的知识积累。学习的过程实际上是从前概念发展到新概念的过程。在任何学习阶段，无论是哪种知识的学习，都可能出现前概念与教学内容相冲突的情况。

前概念可以分为两类。一类是基础性前概念。它是人们在成长过程中不断受到外界同一表象刺激而形成的一种相对稳定的认识，前概念有时是学习的障碍，有时却很有价值。一另类是及时性前概念。它是人们在学习过程中接收到某种信息或者局部的信息后及时进行加工处理而形成的认识。反复出现的即时性前概念，是有可能转化为基础性前概念的。例如，做简谐运动的单摆的摆角问题，有些人习惯了，一拉开就是 30°。

学生的大脑不是一张白纸，它因受千奇百怪的前概念影响而变得丰富多彩。不将学生的已有认识梳理好的教学，注定是低效的，甚至是无效的。这不得不说是常规课堂教学中长期存在的难以解决的问题。学习的最大困难，并不是知识本身的复杂性，而是学生已经有了可能影响学习效果的前概念。

理念二：前概念是可以挖掘的

在常规课堂上，经常出现这样一个现象：教师就一个知识点的教学提问，有时问一两个学生，有时问十来个学生，有时一直问到把正确答案说出来的那个学生，有时实在得不到正确答案就让课代表或学习委员、班长来回答。而正确答案一旦出现，教师立刻松了一口气，觉得可以悠然自得地进入下一个环节。学生的心灵就像一把降落伞，打开它，它才起作用。教师只有想办法去挖掘学生的已有知识和经验，才能有效地开展教学。

前概念是可以捕捉的，它的表达形式，可以是文字表达，也可以是语音表达、图片表达、视频表达。教师通常借助提问、测试、问卷调查等方式，对学生的已有认识进行摸底排查。其目的是挖掘学生前概念，便于教师更准确地设计教学内容、教学方法、教学策略，从而提高教学的有效性。

人们捕捉前概念的探索道路是漫长的，从常规教室的举手发言、小班化教学、课后题海战、过量的预习、纸质手段的前测，到多媒体环境探索、多媒体环境与表决器融合的探索、基于网络环境下论坛发帖形式的探索、基于电脑网络有效捕捉前概念的探索，再到基于移动互联网通过文字、语音、图片、视频等多种形式有效捕捉前概念的探索，人们终于发现，前概念是可以挖掘的，而且只有不断积累这些因人而异的且与教学有效性密切相关的信息，所谓的有效的、科学的、智慧的教育才有可能真正变为现实。

理念三：不挖掘前概念的教学有可能是无效的

学生在学习当前知识时，大脑不是一张白纸，而是有前概念的。当前知识的信息在传到大脑时，要么看见一个物体、一种现象、一段文字，要么听见一种声音，要么闻到一种气味，要么尝到一种味道，要么感到一种触碰的压力，总归首先是基于人类感觉器官的。有位学者说过："大自然似乎始终在捉弄着成年人，我们很快就忘记了做儿童是怎么一回事。"

不挖掘前概念的教学很可能就是对牛弹琴，因为授课教师没有在课前捕捉前概念，不知道学生的真实想法和学习障碍在哪里，始终按着自己的经验往下讲，结果看起来课堂上师生互动热烈，其实可能完全无效。

前概念是有效教学的直接障碍，它如果没有得到充分地表露和及时地纠正，一旦隐藏下来，那么它在后续教学环节或后续内容的学习中，还是会浮现出来，甚至到考试时还会沉渣泛起。前概念就像疙瘩，一堂课下来，如果教师没有发现疙瘩，也没有解决掉疙瘩，那么第二堂课还会结下新的疙瘩。这样一个接一个，时间一久就积重难返了，学习效果的差异就会显露出来。一部分学生成了学优生，另一部分学生则成了"基础差"的学困生。教学的首要任务，就是要将每个学生大脑中模糊的或错误的前概念全部挖掘出来，并逐个加以纠正。这样的教学，才可能是有效的教学。

二、学生前概念挖掘的意义

教育的目标之一是建立学生对科学的"概念性理解"，而不是使学生思维停留于机械记忆事实性数据的层面。因此，教师必须让这些"沉默"的"前概念"显现出来，进而诊断出教学难点在哪里，设计恰当的教学情境，促进学生思维向科学概念转变。要想学生以前概念为起点，经过概念转变，形成对科学知识的"概念性理解"，教师必须深入挖掘和研究学生存在着怎样的前概念，有针对性地设计教学情境。换句话说，帮助学生建构科学概念，首先要挖掘学生的前概念，在辨识的基础上充实、完善或者纠正、转化学生的前概念。挖掘学生的前概念的意义体现在以下四个方面。

（一）建立新旧知识的联系

美国著名教育心理学家奥苏贝尔认为，有意义学习的实质就是将新知识和已有知识建立起非人为的、实质性的联系。有意义学习即学生学习新知识的过程是以已有的知识经验为基础，通过新旧知识的相互作用（同化），掌握新知识的实质性意义的过程。

学生拥有自己的生活经验，形成了独特的概念认知，他们带进课堂的概念不同于课程设置中的概念，学生每一个错误概念可能均有"正确"的部分。一些错误概念非常顽固，学生需要花很多时间去建构和吸收（同化）科学的观念和思想。教师要识别和纠正学生的错误概念，运用建构主义的教学方法，使学生的错误概念与科学概念联系起来，这一过程是漫长的。在这个过程中，教师可借助巧妙的教学设计，为有效教学提供逻辑起点和基础支持，进而引导学生建构起可接受的科学概念，为他们在初中或更高年级学习更加复杂的内容奠定坚实的基础。

兰本达教授非常重视运用"探究—研讨"教学法来促进科学概念教学。她认为，概念是每节课的指路灯，儿童建立概念的基础应该是"儿童用自己的语言来表达自己的想法"。她发现许多教学理论都重视概念的教学，但一般都是通过理解、接受前人的结论，单个地、零散地建立概念。"探究—研讨"教学法重视儿童概念的形成、发展和概念之间的联系，认为形成概念的过程就是"让儿童把他们的前语言思维转变为语言，并用他们自己的话讲出来"。

（二）完善学生的概念结构

科学教育的目的逐渐由培养社会中少数科技精英转向每个儿童的全面整体发展，培养合格的公民，主张不应该传授给儿童支离破碎、脱离生活的抽象理论和事实，而是应当慎重选择一些重要的科学观念，帮助儿童建立一个完整的对世界的认识系统。

兰本达等学者根据维果茨基的概念发展体系，形成了一个概念体系表。他们提出"要建立起这些概念体系，必须组织好课程——首先分成不同成熟阶段的学生能够学习的、可分的从属概念"，还提出了"概念箭头"，认为"我们每个人都有自己的通向概念，进而通向概念体系之路的独特方式。所有的概念建立者有共同的一个特点，即在浩瀚的事实中探究意义，探寻一个概括体系，把一个问题所有可能的具体细节都包括进去"，进一步提出"小学阶段主要是给学生以'混合思维'和'复合思维'的经验，让他们体验在'前概念思维'的层次上探究概念的经历"。

（三）促进小概念形成大概念

对大概念的理解不可能是突然实现的。儿童的活动不应只停留在兴奋的状态，教师应引导儿童加深对周围世界的理解。低年级阶段，大概念可能看起来与学生的理解程度相差得特别遥远。因此，要使教师认识到帮助学生从早期经验开始，先发展获得较小的概念，再逐步进展到大概念的重要性。

对每个学习的个体来说，从最初基于他们先前经验而形成的特定想法，进展到能够解释较大范围的现象、获得更为有用的概念，需要经历一个渐变的过程。进入学校时，学生已经形成了对世界面貌的看法，许多看法并不与科学上的认识一致。每个学生获得更为科学的概念的途径有所不同，因为每个人的经验和在进程中获得的帮助不一样。但是对进程的描述，即描述随着时间进程而使概念变化的典型情况，对于研制课程以及为帮助学习和记录学习情况的两种评测来说都是重要的。教师需要了解不同学习阶段中，学生的学习经验和理解大概念这个总目标之间的联系。

因此，我们从小的起始概念出发，接着发展到较大的能够包含较广泛经验的概念，再进展到能够理解自然界物体、现象的相互联系的更为概括、抽象的大概念。

（四）发展学生的内在学科素养

基于现代建构主义的观点，在我国当前的科学教育中，要真正提高科学教育的质量，促进学生学科素养的发展，应该注意和重视以下几个方面：（1）培养和提高儿童的学科素养是学科教育的目标；（2）珍视学生的前概念，正确地引导其建立科学概念；（3）关注"学生的问题"，面向生活，面向社会；（4）辩证地处理"学生主体"和"教师主导"的关系；（5）注意加强学生间的合作与交流。

学科核心素养是基于学科知识的，是生动反映学科内在本质和思想的。学科核心素养重在强化学科的本质，揭示学科更深层次、更内隐的某些东西，把表象的科学知识与其内因关联起来，形成一个新的思维结构，帮助学生去认识更为复杂的自然现象或实验现象。

科学学科的核心素养是指学生在接受科学教育过程中逐步形成的适应个人终身发展和社会发展需要的必备品格和关键能力，是学生通过科学学习内化的带有科学学科特性的品质，是科学学科育人价值的集中体现，具体包括科学观念与应用、科学思维与创新、科学探究与交流、科学态度与责任。

三、学生前概念挖掘的方法

国外有学者专门论述了引出学生错误概念的十个方法：直接问、卡片归类、画图、概念图、概念卡通、玩玩具、操作科学仪器、角色扮演"自我表达"、连词游戏、倾听学生。

国内学者使用的研究方法大多是参照国外的，并在此基础上进行因地制宜的本土化。蔡铁权等学者介绍了几种了解已有概念的方法：概念图、访谈图、二段式测验、观察等。概念图和二段式测验适合年龄较大的儿童。概念图强调从事物的关系中把握概念本身，关注的是事物的整体性和复杂性。二段式测验用于收集学生概念的测试，通常第一阶段以选择题的方式呈现，由被试选择主要概念，第二阶段主要是就第一阶段的选择说明其理由。

江慧老师曾撰文综合介绍了儿童前概念的调查研究方法，共罗列了九种方法：二阶层诊断测试、普通纸笔测试、课后练习、概念图、访谈、直观图、实践任务、出声思考法和文献阅读。这九种方法基本上涵盖了当前国内外探知儿童前概念的方法。

概念建构是一个学生对科学知识的归纳、概括及重构的过程，了解学生的前概念是设计概念教学过程的起点，挖掘学生的前概念是有效概念教学开展前必经的一个过程。教学实践中比较常用的挖掘学生前概念的方法有访谈法、问卷调查法、图示法。

（一）访谈法

作为教师普遍使用的一种方法——访谈法，是指通过访员和受访人面对面交谈来了解受访人的心理和行为的心理学基本研究方法。[①] 在教学中经常被用于课程伊始，教师直接询问学生以获取学生对知识的掌握情况。如教师执教《研究磁铁》一课时，教师往往先出示学生熟悉的磁铁，并提问："关于磁铁，同学们知道哪些知识？"部分学生可以说出"磁铁可以吸铁""两个磁铁可以相互吸引"等相关知识。个别生活经验丰富的学生还能说出"磁铁有两个极，会指示南北"等。教师通过这个访谈环节，可以获取部分学生的相关前概念。也有教师会在课外与个别学生交谈以达到了解学生前概念的目的。访谈法的优点是简单且便于操作，它的缺点是交谈的面很小，可能产生片面的结论，这与受访学生的情况存在很大的关系。小范围的访谈无法了解班级每一位学生的具体情况，对以学生为主体的概念教学来说，依然无法保证准确识别前概念。

（二）问卷调查法

问卷调查法是以实证主义为方法论的量化研究方法，它是通过把标准化的问卷分发给有关的人员，然后对问卷回收整理，并进行统计分析，从而得出调查结果的方法。[②] 使用问卷调查法了解学生前概念的优点在于可以对每一位学生进行细致的了解，调查的面较为广泛。但是，问卷题目的设定，分发、收集问卷和数据处理都是相当烦琐的步骤，需要耗费教师大量的时间，对于要面对多个教学班的一线科学教师来说，往往是心有余而力不足。况且，问卷题目设定难以做到面面俱到。从相关知识的层面来看，调查结果也是不全面的，不利于教师科学准确地定位概念教学的起点。

---

① 郝清华 . 小学生的前概念向科学概念转化的策略 [J]. 辽宁教育 .2013（23）：49-52.
② 郑晶晶 . 问卷调查法研究综述 [J]. 理论观察，2014（10）：102-103.

（三）图示法

图示法是让学生通过绘制图画的方式表达出对相关知识的已有认识，包括画概念图和思维导图等。低年级学生的文字和语言表达能力还有一定的欠缺，借助画图可以更加简易地表达出自己的真实想法。概念图和思维导图能显示概念之间的意义联系，教师可以通过学生在概念图中的错误联结分析学生可能具有的前概念。但是图示法比较耗时，不同学生绘制出来的图画差别很大，对教师的读图能力具有一定的考验。

这三种前概念挖掘的方法各有其不可替代的优点，也各有其不可避免的缺点。教师在挖掘学生前概念时，应结合实际教学内容和学生情况选择适合的方法。

第三节　学生前概念挖掘的实践过程

教学前一定要先了解儿童的已有知识和经验，以此为出发点设计和实施教学，从而促进儿童科学概念的形成和发展。前期的基础性工作很重要，但更为关键的是后期教师如何采取合适的教学策略转变儿童的前概念，促进儿童科学概念的发展。

一、挖掘前概念

科学教学中存在的很多问题都与教师忽视学生的前概念有直接的关系。在实际的教学设计中，很多教师把关注点更多地放在教材解读、教法研究上，很少关注学生已经知道什么、不知道什么，教师对学生的已有知识和经验缺乏足够的了解。

只有事先采取一定的方法调查了解学生的已有知识和经验，充分挖掘并暴露学生的前概念，教师才能够清楚哪些内容是学生已经知道的不需要教授的，哪些内容是学生不知道的需要重点引导学习的，从而有针对性地设计出满足学生需求的课堂教学。

二、确立关键前概念

儿童的概念形成是一个学习的过程，是一个受自身感知觉影响的活动，是一个从初级到高级、从粗浅到深层次的发展过程。

根据科学知识的层级结构，可以将学生的前概念分成四个水平：事实、概念、规则和理论。其中概念最为重要，事实要用概念来描述，而规则和理论必须在概念的基础上引申发展、重新组合。根据学生的概念发展状态，可以将学生的前概念分成三类状态：一是错误的理解，即学生所表达的概念没有得到科学知识的支持，是不正确的或者不充分的；二是不完整的理解，即学生作出的解释是部分正确的或不正确的；三是完整的理解，即学生对概念的解释与被广泛接受的、科学的观点相匹配。

学生在日常生活中获得的生活概念是丰富多样的，教师在充分挖掘和暴露学生前概念的基础上，需要明确学生前概念的发展水平和状态，并根据教学内容和学生需求，确定真正影响学生学习的关键前概念，以此为基点展开概念教学。

三、引发认知冲突

确立学生的关键前概念之后，如何引导学生深层次建构科学概念，这是一个非常棘手的问题。建构学生的科学概念，需要引发学生原有错误概念和科学概念之间的认知冲突。

认知冲突是一个人已建立的认知结构与当前面临的学习情境之间暂时的矛盾与冲突，是已有的知识和经验与新知识之间存在某种差距而导致的心理失衡。简单地说，认知冲突就是新知识或新观念与原有认识或经验之间的碰撞。

高境界的教育就是教师能够创设出激发学生学习欲望、使学生产生心理认知冲突的问题情境，并引导学生主动、积极地去寻找办法来解决这个冲突，进而提升学生的认识。认知冲突是连接固有经验与新知识的通道，是学生提高学习能力的有效契机。

教师应根据教学内容的特点，在教学中学会引发学生的认知冲突，这对于转变学生前概念，促进学生积极主动地建构自己的认知结构，具有十分重要的意义。

巧妙设置悬念、创设矛盾情境、提供对比的实验材料、动手操作实验、对比交流等方法是科学概念教学中常用的引发认知冲突的方法。

四、提供认知支架

认知支架是指教师为学生提供的用于建构学习任务的结构。教师把自己的思维过程清晰地呈现给学生的学习辅助手段，像现实生活中的脚手架一样，为学生的学习提供有力支持。教师会逐渐移开支架，帮助学习者独立发展自己的能力。认知支架可以分为三种类型：问题类支架、实物类支架、情境类支架。

教师在具体情境中找出问题，鼓励学生提出解决问题的方法。在这一过程中，教师既起到主导作用，又能够把握好分寸，把运用知识解决问题的权利交给学生，最后让学生独立完成任务。学生需要借助日常生活经验，为新的认知奠定基础和提供支架，才能比较顺畅地建构并深刻理解科学概念。教师需要充分掌握学生日常生活经验，并将其巧妙地应用到课堂教学中，为儿童深层次建构科学概念提供认知支架，帮助学生运用所学的科学概念解释生活中的常见现象。

五、建立新旧联系

人类的大脑似乎总是准备好去建立新的联系。当一个人接收到新信息时，大脑会尝试将其与这个人过去的知识和经验相连。教师为学生建立的新旧知识的联系越多，他们获得积极学习体验的可能性就越大。在介绍新知识时，如果能够与学生已有的知识建立联系，将帮助学生更快地理解新内容。

"有意义接受学习"理论提出，要想使受教育者在新旧知识之间建立有效的意义联系，不仅要在新旧知识之间建立简单的"意思"上的联系，还要引导受教育者利用自身的思维在新旧知识之间建立一种内在的逻辑性关系。

通过新旧知识联系的建立过程，教师能够加深学生对科学概念的理解，并帮助他们构建起关于科学概念的认知框架。这有助于学生使用科学概念来解释日常生活中的现象，从而提高他们的知识迁移能力、问题解决能力和创新思维能力。

第四节　学生前概念挖掘的教学案例

案例一：《地球的内部》

教学简介

本案例的教学内容为苏教版小学科学五年级上册第三单元《地球的表面和内部》的第三课。地球的背部是个神秘的地方，人类对地球内部的认识不可能像剥橘子那样探个究竟。本课所学的知识，也是以人类对地球内部的认知方式展开的。

学生特点

在学习本课之前，学生通过各种信息渠道对火山和地震等自然现象产生了一些认识，但认识还比较肤浅，只停留在感知的层面，尤其是对地球内部构造和地壳运动知之甚少。因此，本课用多种形式以激发学生的主动探究为切入点，让学生能够形象地感知地球的内部结构。通过鸭蛋模型的类比解释探究，在调动学生学习积极性的同时，达到更好的教学效果。

教学目标

科学观念：通过资料学习，能说明地球内部的圈层结构与特点。

科学思维：借助研讨与交流，认识海陆变换、大陆漂移也是地壳运动的结果。

探究实践：通过阅读、模拟实验，理解地球内部的运动模式，能解释地壳缓慢移动的原因。

态度责任：通过学习激发对地球的探究兴趣。

教学准备

资料准备：课件、地球内部结构的资料。

物品准备：VR 眼镜、熟鸭蛋、天平等。

（一）逼真 VR，提出问题

1. 利用 VR 初步感受地球。

2. 利用 VR 进一步感受地球形状。

3. 提出问题。

师：戴上 VR 眼镜，同学们看到了什么？有什么感受？

生：看到了地球，它悬在空中，很真实。

师：跟书本上的地球有什么区别？

生：更真实，更立体。

师：今天就用新的技术来研究一下地球吧。

师：地球是什么形状的？

生：球形。

师：地球旁边的白色球体是规则的球体。地球是规则的球体吗？

引导学生认识到：地球是一个两极稍扁、赤道略鼓的不规则球体。（如图 3-4-1）

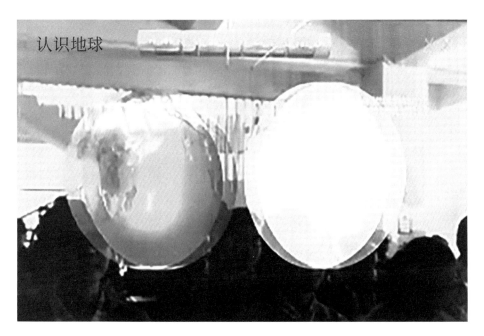

图 3-4-1

评析： 用逼真直观的 VR 技术让学生感受地球的形状——两极稍扁、赤道略鼓的不规则球体，激发学生探究地球内部的兴趣。

（二）童趣画笔，作出猜测

1. 讨论、猜测地球内部有什么。

2. 尝试画出地球内部效果图。

师：地球内部有什么？

生 1：内部都是石头，还有水。

生 2：内部还有一个人类世界。

············

师：同学们的想象力真丰富，请用画笔画出你心中地球内部的样子！

展示学生画出的地球内部效果图，如图 3-4-2。

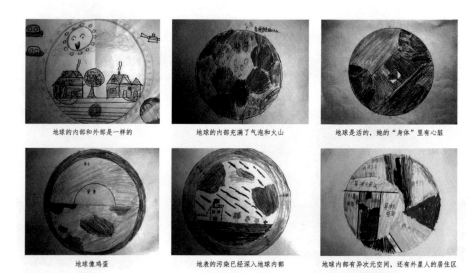

图 3-4-2

评析： 挖掘前概念，确定关键前概念。用访谈法和图示法挖掘学生前概念，发现学生对地球内部的前概念分为两类：一是理解错误，一些学生认为地球内部和外部一样；二是理解不完整，一些学生认为地球内部充满了气泡和火山。确定了这些关键前概念后，教师以此为基点展开概念教学。

（三）分析证据，推理探究

1. 播放厦门园博苑温泉视频、电影中火山喷发及地震的场景视频，展示现象。

2. 钻探地球，探索内部。

（1）介绍中国、美国、苏联钻探法勘测地球内部的研究。

（2）类比鸭蛋，认识地壳。

（3）资料学习，引发思考。

（4）介绍技术，激发思考。

（5）VR 演绎，直观探究。

（6）观看电影，加深理解。

师：同学们看到了什么？对地球的内部有没有新的想法？

引导学生认识到：地球内部温度高、压力大，内部有炙热的岩浆。

师：地球赤道的半径约是 6378 千米，苏联向地球内部钻了 12.263 千米后，就没办法继续向下钻了，因为钻头一直受热就会损坏。如果把地球比作鸭蛋的话，人类目前对地球的勘测相当于什么？

引导学生认识到：人类目前对地球的勘测相当于连鸭蛋的蛋壳都没钻透。

师：地壳，就相当于鸭蛋的蛋壳。地壳到底有多薄？最薄的地方在哪里？最厚的地方在哪里呢？

学生讨论、猜测。

师（介绍）：地壳最薄的地方在海洋，最厚的地方在青藏高原。

师：地球的内部不易探究，但是我们可以学习科学家研究的成果。

播放科学家对地球内部的研究资料影像。

师：看完资料后，关于地球内部，有没有一些新的认识？

生（总结）：地球内部分为三部分。

师：科学家是怎样得到这些数据的呢？

学生思考并回答。

师（介绍）：科学家们通过地震和核试验产生的地震波来推测地球的内部结构，根据地震波在坚硬的岩石中的传播速度快，在较软的岩石中的传播速度慢，推测出地球的内部是分层的，以及发现地壳、地幔的交界面——古登堡界面。

教师借助 VR 技术向学生展示地球内部结构，并播放相关电影片段，加深学生对地球内部结构的理解。

引导学生认识到：地球内核是巨大的铁芯，能产生磁场。

评析： 引发认知冲突。地球的内部神秘、抽象，教师确定学生关键前概念之后，用一系列活动引发学生原有错误概念和科学概念之间的认知冲突。从最初的自然现象猜测到后来的科学家探究历程，让学生经历一场科学史的熏陶，并意识到科学是个不断发展完善的过程，科学研究需要科学技术的支撑。最后用 VR 及电影视频直观形象地演示地球的内部，加深学生对地球内部的认识。

（四）地球变鸭蛋，抽象变具象

1. 提出问题。

2. 作出猜测。

3. 实验探究。

4. 得出结论。

师：看到这个煮熟的鸭蛋，同学们想到了什么？

生：鸭蛋的蛋壳结构与地球的内部结构很相似。蛋壳相当于地壳，蛋白相当于地幔，蛋黄相当于地核。

师：鸭蛋各个部分的质量比会不会与地球内部各个部分的质量比相似？

生：可能相似。

师：如何探究？如何使用天平？

学生使用天平分别测量蛋壳、蛋白、蛋黄的质量，并求出三者的质量比。

引导学生得出结论：鸭蛋的蛋壳、蛋白、蛋黄的质量比与地球的地壳、地幔、地核的质量比相似。

评析：提供认知支架，建立新旧联系，让学生经历一场完整的探究过程。通过这个探究过程，学生用类比模型思维，真正理解用熟鸭蛋模型模拟地球的原因，知道熟鸭蛋与地球具有形与质的相似，从而真正建立地球内部概念。

（五）科幻拓展，总结提升

播放《地心浩劫》电影中"地球内部发生故障，探地飞船飞入地球内部"的片段。

师：同学们想不想坐着这艘飞船到地球内部看一看？

学生发表观点。

师：同学们通过这堂课学到了什么？

生（总结）：我们了解了地壳内部的结构……

评析：地球内部的神秘面纱还没有完全揭开。本环节在学生了解目前人类对地球内部的认识之后，在学生的心中埋下继续探究地球内部的种子。

案例二：《月球》

教学简介

本案例的教学内容为苏教版小学科学四年级下册第二单元《地球、月球与太阳》的第二课。在地面上观察月球，最直观的现象就是月相的规律变化。低年级的学生虽然看过月亮，且通过二年级上册第二单元《天空中的星体》中《看月亮》的学习对月相这种现象也有所了解，但是并没有经历完整的长周期观察月相变化的过程。因此，本课通过指导连续观察月相和整理月相观察日记，培养学生的意志力和责任心。经过长周期的观察，并辅助于模拟实验，可以让学生产生一种类似于天文学家的研究行为，让学生体验科学家的工作，让学生在发现事物运行规律中获得满足感。

学生特点

通过二年级上册第二单元《天空中的星体》中《看月亮》的学习，学生对月相这种现象、月相的周期已经有了初步的认识，但是并没有经历完整的长周期观察月相变化的过程，对月相变化的规律及其产生原因了解甚少。仅靠教师单纯的讲解，学生会被动地接受这些知识，但无法体验这些知识的形成过程。本课的教学重点就是让学生实地观察月相变化，体验月相变化过程，提炼月相变化规律，同时通过月相变化模拟实验进行验证，使学生对抽象的天体运动形成初步的推理、想象能力。

从学生的年龄结构和心理特征来看，四年级的学生对一切事物都充满好奇心，他们有很强的求知欲。由于学生在一、二、三年级已经有了科学课的实验教学，学生也掌握了一定的观察和记录方法。在月相观察过程中，可以指导学生在明确关键点后尝试自主观察，并及时记录实验数据。当然，若在观察过程中出现问题，教师应引导学生及时分析并解决问题。

教学目标

科学观念：从月相变化的记录发现月相变化的规律，了解月亮每天同一时间位置变化的规律。

科学思维：学会用建立模型的研究方法，发现月相变化的规律。

探究实践：初步具有根据实验现象及其变化，进行分析、判断和推理的能力。

态度责任：通过连续观察月相和整理月相观察日记，培养意志力和责任心。

教学准备

教师材料：希沃课件、板贴、移动端平板、电子书包软件。

小组材料：移动端平板、月球模型。

（一）课前调查学生的前概念

课前：教师通过电子书包设计好月相相关前概念调查问卷，并让学生完成前概念调查问卷，挖掘学生的前概念。教师分析学生的前概念情况，确定关键前概念，并依据关键前概念设计教学内容。

问卷结果表明，关于月相变化的知识学生有一定的认识，学生知道月相是会变化的，但是对于月相变化的规律和成因并不清楚。

月相变化比较抽象，学生对月相变化的了解也比较模糊，因此在教学过程中教师应该将问题具体化，创设情境提高学生的探索欲望。

评析： 教师通过设计问卷调查的方法，挖掘学生的前概念，了解学生对这部分知识的盲区，有的放矢地组织教学。

（二）创设情境，导入新课

师：2022 年，A 市发生了一件特大盗窃案。事情的经过是这样的，A 市新开了一家法兰克福度假村，为了吸引更多的游客来度假，老板决定将自己的传家宝——西汉时期价值一千三百多万的如虎添翼玉雕——放在大厅进行展览。这几日天气晴朗，万里无云，法兰克福度假村吸引了很多游客。可是好景不长，就在 5 月 3 日（农历四月初三），这件玉雕居然神秘地消失了。老板立即查看了当天的监控，凑巧的是，当天傍晚 6：00 到次日早上 7：00 的监控居然被人动了手脚，监控视频找不到了。无奈之下，老板只好报警，请来了大侦探，大侦探希望在座的侦探和他一起侦破这件特大盗窃案。大侦探先对度假村的所有人进行了调查，发现住在 20 号房的孙大勇在办理住店时一直盯着玉雕，还时不时地观察周围的环境；住 03 号房的吴小凡欠了很多钱；住 04 号房的王星星有盗窃前科。大侦探觉得这三个人最可疑，大侦探找来了度假村的平面图，研究后，对这三个人进行了问话调查。

出示度假村的平面图和三人的谈话记录。

师：现在大侦探将这些信息推送给在座的每组侦探，给每组四分钟的时间，根据案情、三人的谈话以及度假村的平面图，小组讨论，找出可疑信息。

小组讨论并且选出最可疑的人。

师：哪位侦探说一说你觉得谁最可疑，并且说一说你的理由。

各小组代表回答，教师记录。

师：根据每位侦探的推理，大侦探给每组侦探下发了一个投票任务，每组侦探进行讨论并且投出你们觉得最可疑的那一名疑犯。

学生投票选出最可疑的人。

教师通过平板统计学生的投票结果。

师：在座的所有侦探都觉得孙大勇最可疑。我们再来看看他的疑点：四月初三傍晚六点左右的月亮在西边，他的窗户在东边，他根本看不到月亮。

评析：创设的带有剧本杀的情境，让学生具有较强的参与感，从而激发学生的学习兴趣，引导学生进入新课。

（三）认识月相位置变化规律

师：四月初三傍晚六点左右的月亮到底在哪里呢？一个月中每天傍晚六点左右的月亮都出现在哪里？这个问题让大侦探犯难了。在座的哪位侦探知道每天傍晚六点左右的月亮出现在哪个位置？

学生回答，教师记录。

师：对于这些侦探的证据，其他侦探有没有疑问或者不同意见？

学生提出质疑，教师记录。

师：大侦探在四处搜集证据，这一天他从一些旅游爱好者那里得到了一些关于月亮的照片。现在大侦探将这些照片下发给每一组侦探，并且给每组下发了一个每天傍晚六点左右月亮在天空中位置的拼图任务。其中这个圈代表月亮运动的轨迹，这条直线代表地平线，上面的点代表"初一""初三、初四""初七、初八""十一、十二""十五、十六"这几天傍晚六点左右月亮出现的地方，这边是东边，这边是西边。同学们都清楚了吗？向上滑可以看到四张图片和一个拼图任务，给大家四分钟的时间完成，现在开始。

学生开始拼图。

师：我们随机看几个小组的拼图，可以发现每个小组的拼图都一样，都是"初一""初三、初四""初七、初八""十一、十二""十五、十六"，按照这个规律哪位侦探上来将"十七、十八""二十二、二十三""二十六、二十七"这几天同一时刻的月亮移动到相应的位置上。

学生上台移动图片。

师：一个月内每天傍晚六点左右的月亮的位置有什么规律？

学生总结规律。

师（展示乒乓球圈）：如果这边是西边，这个是地球，这条绳子是地平线，傍晚六点左右，"初一"的月亮在西边地平线上，"初三、初四""初七、初八"的在头顶上，"十一、十二""十五、十六"的在东边地平线上，"十七、十八""二十二、二十三""二十六、二十七"的在地平线下，接着又回到下个月的初一，一直循环着。针对这个月亮位置模型图，同学们有什么想问的吗？

生1：为什么"十七、十八""二十二、二十三""二十六、二十七"

的在地平线下？

师：这说明什么？哪位侦探能帮忙解答下？

生2：说明下半个月傍晚六点左右的时候我们看不到月亮，"十七、十八"的月亮可能要到晚上七八点才从东边升起来，到了"二十六、二十七"，月亮可能要到凌晨四五点才从东边升起来。

师：回到这个案子，根据这些知识同学们能得到什么结论？

生：孙大勇是盗贼，因为那天的月亮在西边，他在东边不可能看到月亮。

评析： 学生阅读信息，相互质疑，最后总结达成共识，并得出一个月内月亮位置变化的规律。学生在交流沟通中掌握知识。

（四）认识月相变化规律

师：大侦探对孙大勇进行了抓捕和审讯。孙大勇表示，当天六点四十七分的时候他确实去过案发现场，也确实想偷走玉雕，但是他去的时候发现东西已经不见了。因为害怕被当成盗贼，才撒了谎，但是玉雕真的不是他偷的。大侦探对孙大勇的住所进行了一番搜索，并没有发现玉雕。正在案子一筹莫展时，大侦探再一次对吴小凡和王星星进行了调查，要求说出当时更多的细节。

师：这是这一次的谈话内容，现在大侦探将这些信息推送给在座的每组侦探，给每组两分钟的时间，根据这次谈话，小组讨论，并找出可疑信息。

学生找疑点，教师记录。

师：根据每位侦探的推理，大侦探给每组侦探下发了一个投票任务，每组侦探进行讨论并且投出你们觉得最可疑的那一名疑犯。

用电子书包统计学生的投票结果。

师：在座的所有侦探都觉得王星星最可疑。我们再来看看他的疑点：四月初三的月亮不是半圆形的，亮的一面不是朝着太阳落山的位置。

师：在座的哪位侦探记得月亮每天的具体样子呢？

学生回忆这一天月亮的样子。

师：对于这些侦探的证据，其他侦探有没有疑问或者不同意见？

学生进行质疑。

师：为了推断出四月初三那天月亮到底是什么样的，大侦探现在请在座的侦探根据提供的信息、自己平时观察到的月亮和合理的推理完成一个月的月相拼图，请将左边的月相图片拖到相应的日期。给大家两分钟时间，现在开始。

学生进行拼图。

师：我们随机看几个小组的拼图，可以发现每个小组的拼图除了"初一"和"十五、十六"的其他都不一样。一个月的月相变化到底是怎么样的呢？为此大侦探特意咨询了厦门大学天文系的王教授，王教授给大侦探发来了一个视频，并说："只要根据这个视频里面的要求做，就能知道每一天月相的样子。"

学生观看视频并且思考实验注意事项。

教师出示注意事项：

（1）黑白球亮的一面始终朝着太阳。（大侦探已经提前将太阳贴到了这里，太阳太大了，找不到这么大的东西，这面墙的位置就代表太阳）

（2）规定当月球、地球、太阳在同一条直线上，且月球在地球和太阳中间时为初一。

（3）月球绕着地球是逆时针转动的。

（4）每转45°对应下一个日期，持球者要停留。

（5）将我们的右边当作天空中的西边。

（6）边实验边记录。

学生进行实验，并再次完成拼图。

师：我们随机看几个小组的拼图，可以发现每组的拼图都一样，各位侦探从这幅拼图中发现了一个月的月相有什么规律吗？

生：农历上半月"月相，缺—圆；亮面，朝右（西）"。农历下半月"月相，圆—缺；亮面，朝左（东）"。

师：回到这个案子，根据这些知识同学们能推断出什么结论？

生：王星星是偷走玉雕的人，因为他说那天的月亮是一个半圆形的，其实那天的月相并不是半圆形的，是一个月牙，所以他在说谎。

师：大侦探对王星星进行了抓捕和审讯，王星星对自己的偷盗行为供认不讳，而且还告诉警察，他的望远镜也不是自己新买的而是偷来的。

评析：通过一系列的小组讨论和探究活动，师生双方共同确定一个比较合理的实验方案。对于四年级学生来说，这种模拟实验比较抽象，因此在教学中教师可以先扶再放，帮助学生掌握实验要点后鼓励其自主完成实验，通过实验帮助学生建立月相模型。

（五）总结提升

师：通过今天的月相变化断迷案，同学们能说一说一个月中月亮是怎么变化的吗？

学生进行总结分享。

评析：总结提升，引导学生进行交流讨论，帮助学生巩固知识，同时进一步构建月相模型。

案例三：《我们的大脑》

教学简介

本案例的教学内容为苏教版小学科学五年级上册第五单元《人体"司令部"》的第三课，也是神经系统单元的起始课。教学中教师将引领学生通过一系列亲身经历的体验活动认识大脑的形态和功能，为后续神经与感觉的教学做铺垫。本节课的主要教学内容有两个部分：一是观察大脑模型，认识大脑的形态；二是"打手"游戏，体验大脑的功能。

学生特点

本节课的教学对象为五年级的小学生。对学生进行前概念测试后，发现学生对大脑的构造有一定的了解，或多或少地知道大脑分为左右两半、表面凹凸不平，知道大脑具有记忆、想象、创造的功能。当然，学生基本上没有见过真实的大脑，对大脑缺乏直观形象的认识，对大脑形态的认识是模糊的，甚至是不科学的。此外，受学生认知水平的限制，他们对大脑功能的认识也是比较零散和不完整的，很难从整体上意识到大脑是人体的最高指挥中心。

教学目标

科学观念：初步了解人体大脑的形态、结构、质量、位置、软硬程度等基本情况，知道大脑的功能。

科学思维：能够通过体验观察和阅读资料，初步了解人体大脑的形态、结构、质量、位置、软硬程度等基本情况。

探究实践：通过游戏体验，初步认识人体大脑的部分功能。

态度责任：通过体验活动，激发学生探究人体大脑的兴趣，愿意将自己的探究结果与同伴分享。

教学准备

教师材料：课件。

小组材料：大脑模型、活动记录单。

（一）课前调查学生的前概念

课前：教师设计好大脑前概念调查问卷，并让学生完成前概念调查问卷，挖掘学生的前概念。教师分析学生的前概念情况，确定关键前概念，并依据关键前概念设计教学内容。

师：同学们了解"大脑"吗？

生：大脑有记忆（计算等）功能。

师：大脑是什么样子的呢？

师：老师为每位同学准备了一份问卷。有关大脑的功能和形态，同学们知道些什么，试着把自己知道的填写在活动记录单中。

教师收集问卷，对问卷进行统计分析，把握学生对大脑概念的了解情况。

问卷结果表明，有关大脑的形态方面，大部分学生对大脑的颜色、形状和硬度的认识比较清晰，但对大脑的表面、大小和质量的认识比较模糊。造成这一现象的原因是学生没有见过真实的大脑，对大脑的形态缺乏直观形象的认识。部分学生可能根据自己的生活经验或者课本上的知识，获得了一些有关大脑颜色、形状和硬度的知识。例如，学生根据身体的其他器官推测大脑的颜色可能是肉色、淡粉色，大脑可能是软软的；学生根据课本或电视上的知识，了解到大脑分为左右两半，像核桃仁。但是，由于缺少直接的细致观察和动手体验，大部分学生对大脑的表面、大小和质量知之甚少。

学生有关大脑功能的前概念涉及记忆、思考、想象、计算、控制、语言、运动、情感、创造、视觉、听觉、嗅觉这几个方面。其中大部分学生的前概念集中在记忆、思考、计算、想象、控制，而语言、创造、运动、情感、视觉、听觉等概念相对薄弱，很少学生会从整体的视角意识到大脑是人体活动的总指挥部。

基于对学生前概念的分析，本节课采取化抽象为具体、从局部到整体的原则展开教学。先引导学生认识大脑的形态，为学生提供大脑模型，化抽象为具体，帮助学生生动形象直观地观察大脑的形态特点。接下来创设三个具有层次的"打手"游戏，让学生逐步深入地认识大脑的功能，遵循儿童科学认识活动的规律，从局部到整体，让学生以轻松又直接的方式达到"知道大脑在人的语言、思维、情感方面的作用，大脑是人体生命活动的总指挥部"的目标。

评析：挖掘前概念，确定关键前概念。教师用导图的形式设计了一份问卷，用以挖掘学生有关大脑的已有认知。通过收集、统计信息并分析学生的前概念情况，明确大部分学生理解错误或者模糊的内容，确定关键前概念，从而有针对性地开展教学。

（二）创设情境，导入新课

教师创设游戏活动——眼疾嘴快。

师：比一比，谁能又快又准地说出字的颜色。

师生互动，说字的颜色。

师：为什么有的字会说错？这个游戏测试的是什么？与什么有关？

生：大脑。

师：今天，我们就一起来认识我们的大脑吧！

板书：我们的大脑。

评析：创设游戏情境，激发学生的学习兴趣，聚焦大脑，引入新课。

（三）观察大脑模型，感知大脑的形态特点

1. 教师介绍大脑所处的位置。

2. 教师展示实物：大脑模型。

3. 师生交流认识大脑模型的方法：看（颜色、形状、表面、大小）、摸（软硬）、掂（质量）。

4. 教师提示活动注意事项：认识要有一定的顺序，先看再摸后掂。

5. 学生活动：观察大脑模型，并及时记录。

6. 学生交流汇报观察结果。

7. 教师提供或补充阅读资料。

8. 学生阅读资料并交流。

9. 师生总结大脑的形态特点。

10. 学生观察大脑模型形态，并完成活动记录单（如图 3-4-3）。

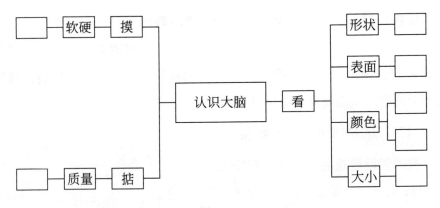

图 3-4-3

11. 学生阅读资料卡（如图 3-4-4），完成活动记录单。

　　大脑由左、右两半球组成，表面凹凸不平，很像核桃仁。大脑 80% 的成分是血液，它像豆腐一样软软的，呈淡粉色，有血腥味。每个人的大脑差不多跟两个并拢的拳头一样大，不同成长阶段大脑的大小有所不同。人的大脑质量约 1120 克，是猪的大脑质量的 10 倍左右，大致相当于 2 盒钩码的质量。

　　大脑表面的一根根血丝是血管，血管中的血液为大脑提供不可或缺的氧气和营养物质。大脑虽然只占人体体重的 2%，但耗氧量达全身耗氧量的 25%，血流量占心脏输出血量的 15%，一天内流经脑的血液为 2000 升。

　　我们把大脑表面凹陷的部位叫作沟，隆起的部位叫作回。沟回能够增加大脑皮层的表面积，虽然我们的大脑只有两个并拢的拳头那么大，但是如果将沟回全部展开，面积可达 2200 平方厘米，相当于一张报纸的面积。科学研究表明，大脑的智力与沟回的数量有关，沟回越多智力越高。

　　大脑具有巨大的潜能，储存信息的容量相当于 1 万个藏书为 1000 万册的图书馆。大脑对环境的要求很高，需要充足的睡眠、均衡的营养、适量的运动和健康的生活环境。

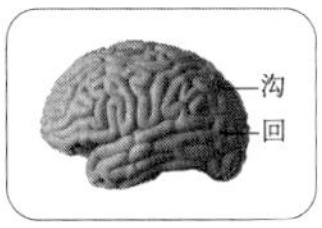

图 3-4-4

　　评析： 引发认知冲突，提供认知支架。绝大部分学生没有见过真实的大脑，因此当教师提问"大脑长什么样"时，一些学生会借助从书本上积累到的知识进行回答，但多数学生还是茫然的，从而引起学生的疑问，引发认知冲突。接下来，教师为学生提供大脑模型，为学生提供认知支架，让学生有机会看一看、摸一摸、掂一掂大脑模型，从而直观具体地感知大脑的形态。

（四）通过"打手"游戏，体验大脑是人体的最高指挥中心

师生互动：第一个层次的"打手"游戏，体验大脑的指挥作用。

师生互动：第二个层次的"打手"游戏，体验大脑的记忆功能。

师生互动：第三个层次的"打手"游戏，体验大脑的控制功能。

师生交流：大脑的功能（大脑是人体的总指挥部）。

第一个层次：教师要求学生将手平放在桌子上，然后教师手举木条，突然在某同学的手背上打一下，受了刺激的同学跳起来，用另一只手捂着被打的手背。事前，教师和这个被打的同学商量过，要动作夸张地表现出自己的疼痛，从而引起其他同学的注意。这时候，教师引导学生观察分析，大脑是怎样指挥人作出反应的。主要引导分析，大脑作出反应的条件是受到外界的刺激：手的疼痛传入大脑，大脑命令人体作出防护性反应，如躲避、抚摸等。由此推断，脑具有指挥作用。

第二个层次：教师手拿木条走向其他的同学，突然举起手中的木条，但不砸下去。而这时学生会产生条件反射，把手缩回来。这时候，教师引导学生思考：大脑是怎样指挥的？教师要强调，刚才是因为手背的疼痛传入了大脑，而现在手背并不疼痛，那么大脑为什么会指挥手臂迅速缩回呢？学生会在这个问题的引导下，分析人的眼睛的功能，脑的记忆功能。学生尝试分析：刚才的情形已经被大脑记住了，所以，当眼睛看到教师举起木条的时候，会把这个信息传入大脑，大脑将这个信息和原来存储的信息做了一个对比，发现这是一个危险的动作，所以就下令躲避。

前面这两个层次都是比较低层次的原始的反应，而第三个层次是比较高级的反应。

第三个层次：把学生的手控制住，让老师砸一下（当然是高高地举起，轻轻地落下）。在这一个环节，教师要让学生归纳分析，为何大脑判断出危险信号以后，手臂并未缩回去？这个活动让学生知道，人的动

作受大脑的控制，并不是只受外界的刺激。可以举出一些例子来说明。例如，对热的反应，一般情况下，人体被烫后会产生条件反射。但生活中也有一些实例说明，并非如此。人手拿一个热馒头，并没有因为烫而把馒头丢出去；人端一杯热水，并没有因为烫而撒手；等等。再如，人的排尿反应，人体在产生尿意的时候，第一反应就是排尿。婴幼儿时期，人脑发育并不完全，这就是小孩子尿床的原因；长大之后，产生尿意时，人会控制排尿反应，再去找厕所排尿。这些案例分析，让学生充分了解大脑对人体的动作的控制功能。

评析： 建立新旧联系。研究的问题要来自学生的生活，让学生有真切的情感体验，这样才能走进学生的生活，达到事半功倍的效果。教师借助三个层次递进的"打手"游戏，让学生依次体验到大脑的指挥、记忆和控制功能，把学生原有的零散认识与新的逐步深入的体验联系起来，从而引导学生从整体上认识到大脑是人体的总指挥部，是人体的最高指挥中心。教师打破了传统的仅用教材教的观念，注重建立新旧联系，将科学探究、情感态度与价值观的目标有机地和科学知识目标结合在一起。

第四章　科学概念教学中的
结构性材料开发

　　从科学史的宏观角度看，科学概念的发展过程往往与科学的发展过程一致，科学概念的确定有利于科学思维的发展。通过实际观察以及解释所观察的现象，学生首先形成对某种事物的行为、运动或变化的初印象和初概念，这种初概念在学生后续的观察中，常常被运用、被证实、被修正或发展。过程与概念的关系：过程是概念建构过程中的重要载体，概念通过活动逐步发展、完善；概念可以使过程更加精细化，使更复杂的现象得到观察和理解，而过程可以使概念生动活泼起来。因此，在以活动为载体的学习中，科学探究行为和概念学习是不可分割的。在教学的设计、组织和实施过程中，教师应将探究过程搭建成组织教学内容和教学活动的基本框架，要以学生的概念学习为核心，围绕学生科学概念的学习设计科学探究的过程。

　　《义务教育科学课程标准（2022年版）》指出：探究和实践是科学学习的主要方式，要加强对探究和实践活动的研究与指导，整合启发式、探究式、互动式、体验式和项目式等各种教与学方式的基本要求，设计并实施能够促进学生深度学习的思维型探究和实践。教师要根据学习要求和学生学习能力，明确探究和实践任务，放手让学生进行探究和实践。探究实践离不开师生共同准备的有结构的材料。学生收集的事实源于实践活动，而实践活动则依赖"有结构的材料"。材料引起学习，材料引起活动。从材料本身出发组织教学，既符合儿童的认知特点，也符合世界物质性的基本观点。

刘默耕老师说过："就教学来说，教师的职能不再是'教儿童念书'，也不再是一味地通过语言文字的中介来传授，而是要为儿童精心设计所要认识的实际事物的'有结构的材料'，即能体现一定科学概念的材料，指导儿童去探索。"所以，科学教师要根据探究内容的需要，为学生的探究活动提供能揭示科学现象间的某种关系的结构性材料。兰本达教授认为，材料就意味着科学概念。学生通过对结构性材料的操作和思考，去发现问题，解决问题，获取对事物的正确认识并形成科学概念。

第一节　结构性材料的基本内涵

一、结构性材料的含义

兰本达在《小学科学教育的"探究—研讨"教学法》一书中首次提出了有结构的材料的概念。其指出"科学教学中的材料结构的概念，是指内在的关系——一种和自然界的现象相关联的形式"。此后，"有结构的材料""结构性材料"成了小学科学教学中出现频率最高的词汇。这两个词汇其实指的是同一个概念，本文采用"结构性材料"来进行探讨。

材料的种类和组合以及教给学生们的次序就是材料的结构。所谓结构严密指的是各个材料之间、材料与教学内容和教学目标之间具有紧密的联系。因此，具有这样功能的材料叫作具有严密结构的材料，简称"结构性材料"。

"结构"一词指的是相互关联的方式。科学教学中材料的"结构"是指材料在被使用时能揭示自然事物间的某种关系。张红霞认为，结构是学生们将学具与科学问题、教学目标相联系的桥梁，是将开放的问题转化为封闭的问题的向导。

结构性材料指的是教师精心设计的典型教学材料的组合。这种材料的组合，既要揭示与教学内容有关的一系列现象，体现教材的科学性，又要符合学生的年龄特征和认知规律，贴近学生的日常生活，还要具有趣味性，使学生喜欢，并能使学生通过对材料的探索来发现问题，解决问题，获取新知。

二、结构性材料的特征

兰本达教授在《小学科学教育的"探究—研讨"教学法》一书中指出，教师在开始上课时提供给学生们的材料，必须经过仔细选择，使之符合下列要求：既要简单，能为每个学生开辟一条有趣的探究之路；又要丰富，让学生们尽可能通过多种多样的学习途径去探究。

结构性材料既要体现所要学习的概念、规律，具有科学性，又要符合学生的年龄特征和认知规律，使学生有能力通过对材料的探究来发现问题、认识问题，具有可接受性。同时，还要具有趣味性，尽可能是学生生活中常见的，对学生有吸引力的材料组合。也就是说，选择的材料，既要简单且效果明显，又要普遍且有趣。结构性材料具有以下特征。

（一）典型性与科学性

结构性材料具有典型性与科学性，体现为能揭示与教学内容有关的一系列现象，体现所要学习的概念、规律。兰本达教授认为，材料就意味着科学概念，学生通过对结构性材料的操作和思考，可以促进他们发现问题，解决问题，从而获得对事物的正确认识并形成科学概念。因此，材料要体现科学性。材料并不是越多越好，也不是越好玩越好。教师在选用材料时，要从学生角度出发，思考学生通过对材料的操作，能否形成科学概念，并用之反映自然现象间的某种关系；能否发现问题，解决问题，形成完整的形象，并获取对事物的正确认识。教师应该选择具有典型性的材料。

例如，《浮力》一课中"悬浮"的水瓶组合与"可沉可浮"的固体胶具有这样的特性，因而由它们引起的学习经历也就具有典型性与科学性。学生通过活动获得了经验，并将这种经验转化为知识，从而实现有效探究与意义建构。

（二）丰富性和层次性

结构性材料的丰富性具体表现在材料的品种和数量上，提供足够的材料保证了学生有选择与实践的自主权，有充足的探究空间。材料的层次性，一方面体现在材料的呈现时间与发放顺序上，合理搭配并有序出示具有特定结构的材料，有助于较好控制课堂的教学秩序与教学节奏，使学生的研讨与探究有足够的时间；另一方面体现在应满足学生不同的探究活动的需求上，能够为不同探究水平的学生提供不同的结构性材料。

例如，《浮力》一课的探究材料既有可感知的物体在水中能上浮的材料（泡沫塑料、木块），又有在水中会下沉的材料（石块、橡皮泥），还有在水中悬浮的瓶子、可呈现三种沉浮状态的固体胶，材料很丰富，也具有层次。

（三）生活性与趣味性

科学源于生活，也应回归于生活，服务于生活。从这个角度讲，结构性材料的选取应贴近生活，取自学生生活中常见的物件，这些普通的、简易的、随处可得的材料相较于精致的、特制的材料更容易引起学生的好奇、兴趣与探究需要；同时，生活性材料也符合学生的年龄特征和认知规律，具有一定趣味性，能够激发学生的探究兴趣和欲望，使他们积极主动地通过对材料的探究来发现问题、认识问题。此外，材料贴近学生的生活，学生对材料具有一定的认识，在此基础上建构起材料折射的科学概念是可行的、有意义的。

例如,《浮力》课例中,教师选用学生经常使用的"固体胶"来代替教材中提供的特制"浮标",在教学实践中就起到了很好的效果。

（四）引导性和启发性

结构性材料或材料间的信息可以引导学生的探究活动向意义建构的方向进行。结构性材料是对自然现象或运动变化规律"呈现"的材料,这些材料的组合方式必须具有启发性,能够启发学生自主探究。这在模拟性的教材中尤其重要。作为教师,要善于提供启发性的材料,启发学生通过实验、观察,揭示科学规律。在科学探究活动中,教师遵循学生的认知水平,不断提供能揭示科学的结构性材料,步步深入、层层推进地引导和启发学生探究活动,有效地保持学生的学习兴趣,使学生体会科学的全面性及深度。

例如,选用漂浮的水瓶,学生会自然而然地想到可把水瓶装满,也可把水倒出,从而发现增减质量与沉浮的关系。

（五）开放性和探究性

结构性材料的开放性是指在学习活动中让学生自主准备或选择能进行有效科学探究活动的材料,教师不做统一要求,从而让学生更为自主地展开科学探究活动。但是,由于活动时间的限制,学生不可能对各种材料逐一探究,更多材料的探究活动有待学生课后去研究,这就使课堂上的研究材料具有向课外延伸的特点。我们发现在小组交流、质疑、补充的活动后,学生仍保持着对其他材料继续探究的兴趣,这种材料的开放性安排与开放性使用赋予材料较强的探究性。

例如,在《浮力》一课中,教师在指导学生探究各种材料的沉浮情况的环节,准备了一些差异性的沉浮材料,学生可自主选择任一沉与浮的材料,如橡皮泥、木块、塑料盖等。这种由学生自主选择材料、自主组合材料的方式,有助于学生更为主动地参与实践探究与研讨。学生在这种开放性自主探究中，自主发现了改变物体沉浮的第三种方法——借助其他物体，甚至提出了改变物体沉浮的第四种方法——改变液体。

三、结构性材料的作用

（一）材料揭示内容

由于材料具有结构性的特点，因而使用材料的过程同时又是逐渐揭示科学概念与规律的过程，学生与材料互动的探究活动就是经验向知识转化的意义建构过程。

（二）材料启迪思考

有效的探究强调"动手之前先动脑"，如何做到这一点？除了教师的引导之外，呈现结构性材料可自然而然地引发学生进行材料使用与材料间作用的思考，把材料与猜想联系起来，与想象中的模型联系起来，形成逻辑明晰的思考方向。

（三）材料驱动探究

学生的自主探究始于驱动性问题，结构性材料有利于产生驱动性问题，也容易引起学生对材料进行探究的期待，形成探究需要与探究方向。

（四）材料调控秩序

兰本达说过："当对学生进行必要的讲解时，我不会把材料放在他们面前的桌子上（他们永远会对一条蛇或一块磁铁感兴趣），而当全班专心于探究活动时，我也不会去试图对全班进行某种解说。此时的讲解会扰乱他们内在的思维而迫使他们去接收和处理来自教师的信息。"这就是当进行研讨或解说时，教师最好让学生们远离材料的原因。如果有足够的空间，教师可以把学生们围成一圈，让他们离开课桌，或者把材料放在一边不让学生们看见。

第二节　结构性材料开发的基本理念

一、结构性材料开发的理念

理念一：科学概念的有效建构离不开科学探究

以往的自然教学存在着"重结论轻过程，重知识轻情感"的倾向。在从"自然"到"科学"的转变中，明确并强调了"科学探究"与"科学情感、态度、价值观"的教学目标，使得科学探究与科学情意的学习在课堂中逐渐显性化，科学知识与技能的学习渐渐隐性化。但在这种转化中逐渐产生了"形式化、极端化"的趋势与行为，经常的"探而无果"渐渐使学生丧失学习的成就感与驱动力，对学习变得茫然与盲从，也给教师带来不少困惑与疑虑。结论与过程之争，给教师带来更清醒的认识：教学过程应是一个既重探究过程也重探究结果的过程，学生学习科学概念的过程是一个经历科学探究以及与他人互动、分享的过程。

学习者能否理解一个概念取决于在某个特定的时间里使自己的经验获得意义的过程中得到的帮助是否有效。新的经验"获得意义"的过程包括用此概念来进行预测，通过某种形式的探究收集到实证来检验预测。教师需要的教学方法应该是能够让学生自主构建自身对概念的理解，包括基于可能的想法提出预测，用不同的方法收集数据、解释数据，对比他们的预测来评价得到的结果，以及讨论这些概念如何运用。学生需要带着思考获取和使用实证，以及相互之间对证据进行讨论。

学生参与不同形式的探究，可以促进自身科学概念学习的发展。教师应该提供机会让学生思考和回顾他们在参与科学探究时寻求实证、使用证据、与别人进行讨论的过程，从而加深自身对概念的理解。关键之处不在于有多少实际的操作，而在于动脑。

因此，科学概念的有效建构离不开科学探究。科学探究必须以学生知识的自主建构为核心与本质，从而保证科学探究自主化的基本内核，保证探究的有效性。

理念二：科学探究的有效开展离不开结构性材料

如何实现真正意义上的科学探究呢？如何实现有效探究、意义建构及两者的统一呢？"常规""对探究的理解""材料"是教师建构"有意义"探究活动的三要素。其中，"常规"是教师建构"有意义"探究活动的保证，"对探究的理解"是教师构建"有意义"探究活动的前提，而"材料"是教师建构"有意义"探究活动的核心。

《美国国家科学教育标准》中有这样一段话："学习科学是学生们亲自动手做，而不是要别人做给他们看的事情。"科学是"探究意义的经历"。教师要引导学生探究科学规律。学生提出的假设是多样的，为了验证这些假设，教师要为学生提供多样材料。

科学探究活动很大程度上就是学生与材料之间的互动，探究的效果很大程度上取决于探究材料的选取。没有了材料，就没有了动手做的对象，就没有了思维的基础；没有充足的探究材料，活动将无法全面并深入开展；没有结构性的材料，探究活动就无法典型、深刻，教学目标特别是知识目标就仅是"点到"而非"达到"。因而，教师精心选择、提供、设计的结构性材料是探究活动得以开展的根本，是学生参与实践、自行探究的前提，对于实现有效探究与意义建构的统一具有枢纽式的作用。

"材料引起学习，材料引发探究"是对科学探究和科学材料之间关系的合理表述，科学材料在科学课堂教学中占有重要地位。没有科学材料，就没有科学探究。而实验材料的结构性能加大材料在科学探究活动中的作用，促进学生的思维发展、素养养成。

理念三：结构性材料的有效发挥离不开精心开发

一种材料就预示着一个现象，可以设置一个情境，进行一项探究。不管是有关，还是无关，每一种材料的出现都有自己的很明显的目的性。因此，精心开发结构性材料，是实现材料促进探究功能的根本和前提。

正所谓"巧妇难为无米之炊"，材料就是科学探究的"米"。没有材料，科学探究也就无从开始；没有材料，科学探究就成了纸上谈兵。"米"的好坏决定了"饭"的质量，好材料是有效科学探究的开始。材料需要优化，优化的最佳方式就是使材料具有结构性，材料的结构性决定着探究的有效性。

结构性材料的开发需要综合考虑教学内容的实际要求和学生的实际需求，着手于材料的设计、制作、选择、组合、呈现、发放等要素，力求材料具有科学性、典型性、趣味性、生活性、丰富性、层次性、启发性、引导性、开放性和探究性等。只有这样才能开发出能够有效为科学探究服务的材料。只有提供了有利于学生探究的典型且有结构的材料，才能提升学生的体验感悟，使他们更为主动地参与实验、观察事物、发现问题、解决问题、获取新知，从而真正成为学习的主体。

二、结构性材料开发的意义

（一）促进学生的科学探究

结构性材料开发的直接目的是引导学生的探究活动，促进学生的科学探究。有无材料是区别"读科学"和"搞科学"的首要标准。小学科学课的教学，经历了"读科学"到"自然教学"，再到"科学探究"三个阶段。可以说，有没有实验材料，有没有让学生动手，是区别"读科学"和"搞科学"的首要标准。结构性材料是引导学生进行科学探究的核心要素。教师在课堂中提供的结构性材料，能够大大缩短探究的时间和思维路径，能够让学生在较短的时间内体验科学家发现科学的过程。

科学探究过程是由一个个活动串联而成的，活动的展开需要借助各式各样有层次的实验材料。教师只有从探究活动本身内在的结构、联系出发，注重多样化材料之间的关联，才能有效引导学生经历连续的、步步深入的科学探究过程，从而促进学生科学思维的发生与发展。

（二）加深学生对概念的理解

结构性材料开发的本质目的是引导学生的概念学习，加深学生对科学概念的理解。材料指向科学概念，科学探究过程的第一环节通常是提出问题，而这个问题通常是由材料引起的。科学课强调"动手之前先动脑"。要做到这一点，教师不仅要引导，还应借助结构性材料自然而然地引发学生思考，把材料与猜想联系起来，与已有的图式建立联系，把材料提示的现象与已有的经验进行同化和顺应。

科学课堂经历了"从阅读科学到过程科学再到理解科学"的教学理念转变与教学行为转型，"理解科学"是当前的倡导与追求，"理解科学"包含着"科学本质、科学探究、科学情意、科学知识"等多维理解，强调学生在经历典型的科学探究活动中体验科学、理解科学。科学探究作为知识意义建构的必经之路，既是学会探究的过程，也是为意义建构做准备的过程。使用结构性材料的最终目的是通过对材料的操作，揭示要探究的科学概念。

（三）引导学生的认知过程

上科学课不仅需要准备"第一性教材"——客观事物，而且还要有意识地对"第一性教材"的使用做一些组织和定向指导，这是由教学过程的简约性规律所决定的。一切教学过程从本质上讲，都是有组织的认识过程。小学科学教学过程，同样也是教师组织和指导学生认识客观事物的过程。教师要在有限的教学时间里，把人类经过漫长时间积累起来的对自然界的一些基本认识，有效地转化到学生的知识结构中去，使学生的认识能迅速达到教学要求的水平。

由于小学生心理特点、知识水平和认识能力的局限，加上教学时间的局限，要想使学习活动的认识过程简约化，教师就要精心设计适合学生开展认识活动的结构性材料，激发他们自行去探求知识，有的放矢地采取各种办法启迪、诱导和帮助他们，把握探究的方向，为他们创设良好的探究条件和环境。这样才能使学生在规定的教学时间内，亲自体验、经历人类科学发现的过程，获取一定的科学知识和科学能力。

教师精心开发结构性材料，通过有意识地选择和组合合适的材料引发学生的认知变化，通过材料的有序呈现和发放巧妙地引领学生的思维，从而引领学生的自主探究，引导学生的认知过程。

三、结构性材料开发的原则

材料是小学科学探究活动的载体，也是发展学生探究能力，建构学生科学概念的基础。然而，在实际教学中，结构性材料的选择与利用却存在着"铺张型"或"敷衍型"等现象。如何做到精简投入而又高效产出呢？我们认为，结构性材料的开发应遵循对应与突破、深入与建构、产出与发展的原则。

（一）对应与突破原则

对应与突破即对应目标与突破难点。选择探究材料切忌盲目、玩"新意"与"照搬照用"，其结果是"乒乒乓乓""热热闹闹"而一无所获。选择的材料应为探究活动的目标服务，每个探究环节的目标决定了教师应选择怎样的材料，而灵活选用材料更是为了帮助学生突破难点、深入探究。

对应目标，合理选材。材料引起探究，材料引起活动。然而，并非所有的材料都能拿来探究，也并非所有的材料都能一股脑儿地放在一起探究。只有指向于探究目标的且能帮助学生有效建构科学概念的材料，才是适合的材料。借助对应的典型材料，学生才能发现问题、解决问题，这一切都建立在教师对整个探究教学活动的清晰的认识上，需要教师明确每一环节的探究目标。

突破难点，灵活选材。材料是学生探究活动的载体，不恰当的材料，不但会使学生偏离探究方向，甚至会使学生的探究在相互干扰中不知所以。教师只有从学生的已有经验出发，针对学生探究的瓶颈，灵活地选用典型材料，才能帮助学生突破难点、有效探究、深入思考，在认知冲突中统一，在思维发展中建构。

（二）深入与建构原则

深入与建构即深入探究与建构概念。材料使用的目的在于促进学生探究，完善科学概念，建构起学生的科学知识体系。在教学中，教师选用丰富的、有结构的探究材料能帮助学生的探究活动走向深处，由此建构起正确的科学概念。

丰富的材料促进探究深入。丰富的探究材料不仅是学生探究活动乐趣的来源，更是学生深入探究的有效载体。由于活动的层次性、环节目标的递进性、科学概念的建构性，"一样材料上一课"的教学难以促进学生探究活动的深入（除非是复合型或组合型的材料）。丰富不是体现在材料的数量上，而是体现在材料的层次与多样上。

结构性材料促进概念建构，材料的种类、组合、数量以及投放次序就是材料的结构，有结构的材料一般都是教师精心设计的典型材料的组合。这种材料的组合，既要揭示与教学内容有关的一系列现象，体现教材的科学性，又要符合学生的年龄特征和认知规律，贴近学生的日常生活，同时还要具有趣味性，使学生有兴趣探究材料，在探索的过程中建构正确的科学概念。

（三）产出与发展原则

产出与发展即产出效益与发展思维。材料的充分利用是材料在学生探究活动中发挥探究价值的保障，决定着探究教学的产出效益。

多次利用促效益产出。一份有结构的材料是能通过材料的有机组合，抓住各种时机在课堂上呈现不一样的自己，每一次有每一次可探究的价值。在常态教学中，教师投入的时间与精力是有限的，可利用的资源也是有限的。这就要求教师能在有限的时间与精力下精选材料，充分利用这些有限的材料，使材料的价值最大化。

合理利用促思维发展。材料准备得丰富多样，但如果不能合理利用，也难以发挥材料的真正价值。科学合理利用材料，才能使学生在探究活动中观察到与自己已有经验冲突的现象，进而在认知冲突、思维碰撞中发展思维。

由此可见，小学科学探究材料的开发要在厘清教学结构的基础上，从达成环节目标和突破难点出发，不盲目不随意，不简单不浪费，灵活地选用典型的、有结构的多样材料，促进学生主动探究、深度思维，帮助学生建构或重构科学概念，真正实现精简投入与高效产出的目的。

第三节　结构性材料开发的实践过程

结构性材料的开发是一个历经设计与制作、选择与组合、呈现与发放、评价与改进的迭代过程。在教学实践中，教师只有精心选择、提供、设计有利于学生探究的典型材料，才能有效引导学生的探究和认知活动，使学生经历发现问题、解决问题、获取新知的学习过程。学生在整个过程中尝到了成功的喜悦和创造的愉快，增强了自主探究的信心，懂得了自己是学习的主人。

一、材料的设计与制作

与科学概念有关的结构性材料能揭示科学概念。为什么准备材料、准备什么样的材料、准备多少材料、怎样准备材料，都离不开教师深思熟虑的设计与制作。

每种材料都应针对学生概念的发展"发挥自己的光和热"。教师可通过研究学生、了解学生，考虑学生的年龄特征，为学生提供合适的材料，让学生有能力从材料中发现意义。因此，认真钻研教材、教参，深刻领会编者意图，是一切材料准备所必须做好的前期工作。除了在材料的数量、种类和形式上多下功夫外，教师还要认真了解学生已有的基础知识和生活经验，并预计学生的反应。为学生设计与制作的材料应既能揭示与教学内容有关的现象，体现教材的科学性，又能符合学生的年龄特征和认知规律，贴近学生的日常生活。

二、材料的选择与组合

选材就是选取那些能为达到一定的教学目的服务的教学材料，组合则是将选取的材料科学地组合起来供各环节使用。材料的数量和种类既要充分，又要适应学生的探究能力。由于使用的材料大多是学生常见的，经过组合又成了一种可揭示概念的结构性材料，能使学生从新视角发现材料蕴含的意义，因此，材料的数量和种类的选择对于主题应该是一个不多、一个不少的，每个学具都应该有独特的、不可替代的作用。

选择材料的种类和合理组合材料，需要做到以下几点。第一，材料应和科学概念有关，使用这些材料应该能揭示许多与教学内容有关的现象。第二，这些材料应能引起学生们的兴趣，激发他们发现问题，驱动他们解决问题与解释原理。第三，学生的猜想与假设隐含着一个解决问题的模型，提供的材料应能够满足把猜想和假设中的模型变成现实中的可操作的模型。第四，这些材料能引起学生学习经历，得出意义。第五，这些材料应有多种的相互作用，让学生在讨论与活动中形成不同的思路与获得不一样的经历，不断生成方法与新知。

三、材料的呈现与发放

教师把握好材料的呈现方式和时间、材料发放的顺序和时机，不仅有助于调控课堂的节奏和掌握课堂的结构，还有助于提高学生探究的效度和思维的精度。材料的呈现与发放要做到适时、适量、适当。适时，就是材料出示的时机要合适，这是结构性材料能够保证其结构性的重要因素。好的材料，如果出示时机不当，破坏了其结构性，反而会给学生的探究带来困惑，甚至误导学生，难以实现教学目标。适量的含义包括两点：一是材料的种类要适量；二是材料的数量要适量。过少的材料不能归纳出事物的特征，过多的材料又会形成干扰。因此，教师在材料的出示数量上要优选、精选。适当，就是材料的对象选择要适当，既要使实验达到目的，又要使实验现象明显。

科学课堂上，材料的呈现要有层次性，发放体现后续性。为了使材料的结构更清楚，让学生们更容易看出其结构，探究材料的呈现和发放需要分阶段、分层次进行。这样做可以帮助学生发现和提出问题，同时也就形成了结构。教师可以循序渐进地增加问题的复杂性，并使学生在逐渐复杂的问题中思维活动能够步步深入，步步推进，继而在强烈的探究欲望和动力下进一步发现概念与获得新知。

为学生的学习提供结构性材料是学生解决科学问题、获得科学知识、提高探究能力的基本载体，而分层、适时地向学生呈现和发放实验材料，不仅能保证学生对问题探究的一致性，还能有效地控制好教学秩序，保证各个实验能顺利地开展，从而达到预期的教学目标。

四、材料的评价与改进

正所谓"实践是检验真理的唯一标准"，结构性材料的有效性必须由教学实践来检验。课堂是动态生成的，教师精心设计安排的每一次科学探究活动未必都能按部就班地开展，教师准备好的探究材料也未必能发挥预设的效果。所以，教师要根据学生在科学探究活动中的真实情况对材料进行评价和改进。

评价结构性材料的有效性可以从以下几个方面进行：材料是否揭示了教学的内容、材料是否调控了课堂的秩序、材料是否引起了学生的经历、材料是否启迪了学生的思考、材料是否促进了学生的探究、材料是否引发了学生的认知、材料是否建构了学生的概念。

相应地，教师需要根据教学活动中实际发生的活动与学生的真实反馈，对材料进行调整、完善和改进，如重新设计与制作材料、合理增减组合材料、适时调整材料的发放顺序等，从而提高材料的适用性和针对性，有效地推动学生的科学探究活动，促进学生的科学概念理解。

第四节　结构性材料开发的教学案例

案例一：《照镜子》

教学简介

本案例的教学内容为苏教版小学科学五年级上册第一单元《光与色彩》第三课《光的反射》的第一课时。本课教师带领学生利用熟悉的日用品——镜子，来探究光的反射现象。学生通过"镜子打靶游戏"认识到镜子可以改变光的传播路径。教师提出光的反射现象这一概念，并通过设置一系列光的反射游戏加深学生的认识，帮助学生正确理解和应用光的反射概念。

学生特点

小学生对科学实验和活动有着浓厚的兴趣，好奇心强，照镜子这一活动能够满足他们的探究欲望，让他们通过实验和观察来了解光的反射现象。五年级学生在科学思维方面还处于形象思维阶段，对于抽象的概念和理论理解能力有限，需要教师在教学过程中给予适当的引导和帮助，教师借助具体的实验和实例引导学生探究科学的奥秘。

教学目标

科学观念：通过照镜子这一活动，帮助学生理解光的反射现象，以及镜子的工作原理。

科学思维：引导学生运用科学的方法来观察现象、分析和解决问题，如通过实验来验证光的反射现象。

探究实践：通过实验和观察，让学生亲身体验科学的乐趣和挑战，培养他们的动手能力和科学探究精神。

态度责任：培养学生的科学态度和价值观，让他们理解科学是人类认识世界的工具，需要以认真、严谨、求真的态度去对待。同时，也要让他们明白科学的发展对人类社会的影响。

教学准备

课件、实验记录单、镜子、激光笔、乐高小人、大镜框、潜望镜材料、夹子等。

（一）巧猜谜语，引入课题

猜谜语：一样生活用品，将它拿近了看，可以把我们照进去，拿远了看，可以把很多东西照进来。

先引导学生联想到生活中自己照镜子的场景，再引导学生明确本课探究的问题。

板书：照镜子。

评析： 以学生熟悉的物品"镜子"、熟悉的动作"照镜子"入手，可以让学生产生认知冲突，激发学生的好奇心和探究欲，使学生全身心投入课堂研讨中。

（二）探究镜面反射现象的奥秘

1. 观察镜子。

（1）提问：把镜子拿起来仔细观察，同学们有什么发现？

（2）以 4 人小组为单位进行观察。

（3）引导学生发现镜子的特点：

① 表面光滑、平整；

② 涂有不透明的发光物质。

评析： 结构决定性质，性质体现结构，让学生观察镜子的结构特点，为探究照镜子的奥秘做铺垫。

2. 玩镜子"打靶"游戏，初步探究反射现象。

（1）说明使用激光笔的注意事项。

（2）玩镜子"打靶"游戏，以 4 人小组为单位，通过镜子将激光打在乐高小人上。

（3）分享发现。

（4）引导学生总结：光遇到障碍物会反射。

（5）板书：光、障碍物、反射。

评析： 材料——镜子、激光笔、乐高小人。学生在玩镜子"打靶"游戏的过程中初步了解反射现象的基本特征。

3. 巧设问题，深入探究反射现象。

师：如果光遇到"陈老师"这个障碍物，会怎么样？

引导学生认识到：光遇到不透明的物体都会发生反射，表面越光滑，反射效果越好。

师：如何证明？

生：用激光分别照射毛巾和镜子，观察比较反射效果。

引导学生总结：（1）光线照射到不透明的物体表面时会发生反射现象；（2）物体表面越光滑，反射效果越好。

评析： 材料——镜子、毛巾、激光笔、内有烟雾的玻璃缸。通过参与刚才的激光"打靶"游戏，学生已了解镜面反射现象，然而学生对生活中最常见的漫反射还没有概念。教师通过直观有对比性的材料（毛巾、镜子）的对比实验，引导学生的认知过程。同时，为了产生更明显的光束，教师选择了一个充满烟雾的玻璃缸作为结构性材料。

（三）探究镜子成像的特点

1. 巧设问题，提出"成像"。

2. 游戏一：玩一面镜子，尝试发现镜子反射成像的规律。

3. 介绍镜子发明史。

4. 游戏二：玩两面镜子，改变两面镜子的角度，观察镜中物体的变化。

5. 游戏三：玩两面镜子，组装潜望镜。

师：为什么会在镜子里看到自己的样子？

引导学生总结：物体发出或反射的光遇到镜子时会发生反射现象，反射的光进入我们的眼睛，我们就能看见物体的影像，这个过程叫作成像。

师：物和像之间有什么关系？

学生玩镜子，探究"物"和镜子里的"像"之间的关系。

师：我们可以将"物"与"像"比作双胞胎，同学们可以演示"物"与"像"之间的关系吗？

师生总结"物"与"像"之间的关系：

① 左右相反；

② 大小一样；

③ 与镜子间的距离相同。

师：请大家通过一段视频了解镜子的发展史。

师生观看视频。

师：接下来让我们再玩一个镜子的游戏，玩两面镜子，让镜中的乐高小人的像多一些。大家以4人小组为单位。

生：因为不断反射，两面镜子的夹角越小，镜子里的乐高小人越多。夹角越小，所形成的像就越多。

师：请学生给潜望镜装上镜片，并使用潜望镜。

学生尝试使用潜望镜，并讨论观察到的现象。

师：潜望镜的原理是什么？

教师用激光笔直观演示潜望镜原理。

评析：材料——两面镜子、潜望镜框架。教师通过现场组装、观测潜望镜，将课堂气氛推向高潮；再通过直观的激光笔演示，让学生对潜望镜中的光反射原理有了形象的认知。同时，此环节也是反射概念的生活还原，在反射这一抽象概念和生活经验之间建立起联系，为学生应用生活概念搭建桥梁。

（四）总结所学，拓展延伸

1. 总结所学。

2. 拓展延伸。

师：今天我们学了什么？

生：照镜子、光的反射……

师：三面镜子怎么玩？

评析：通过三面镜子的玩耍实验，可以进一步探究光的反射现象，让学生更加深入地理解镜子的工作原理和光的传播特性。同时，实验过程中需要学生动手操作和观察，能够培养他们的动手能力和科学探究精神。

案例二：《桥墩的形状》

教学简介

本案例的教学内容为《设计桥梁》STEM校本课程中的一个主题，主要引导学生围绕"桥墩承重能力与结构"这一核心内容展开项目式学习。案例设计了明暗两条学习主线，明线通过对"材料相同、形状不同的纸筒的承重不同，形状相同、侧面积不同的纸筒的承重不同，侧面积相同，但侧面的长宽比例不同的圆形纸筒的承重不同"的层层探索，通过数据分析，不断寻求最优方案。暗线则在培养学生解决实际问题的意识，培养科学严谨的求知态度，培养思维模式、思维习惯。

学生特点

五年级学生在校本课程的学习过程中已经具备了一定的科学素养和探究能力。此阶段学生大体存在以下特征：

好奇心强：五年级学生对于周围的事物和现象充满了好奇，他们喜欢探究问题的本质和原理。对于桥墩的形状这样的主题，他们可能会想为什么桥墩要设计成这样的形状，而不是其他形状。

动手能力强：五年级学生通常喜欢动手操作，他们愿意尝试不同的实验和活动来验证科学原理。在探究桥墩形状的过程中，他们可能会通过实地考察、模型制作等方式进行实践。

抽象思维初现：五年级学生已经开始发展抽象思维能力，他们能够逐渐理解一些较为抽象的概念和原理。在探究桥墩形状的过程中，他们可能会了解到力学、结构等方面的知识。

团队合作意识强：五年级学生已经逐渐意识到团队合作的重要性，他们乐于与他人合作完成任务。在探究桥墩形状的过程中，他们可能会与同学一起进行观察、讨论和分享。

教学目标

科学观念：知道材料相同、形状不同的纸筒，承重不同；知道形状相同、侧面积不同的纸筒，承重不同；知道侧面积相同，但侧面的长宽比例不同的圆形纸筒，承重不同。

科学思维：在步步探究中，有长程设计的意识，形成科学思维模式，培养科学思维习惯。

探究实践：能够公平准确地进行纸筒承重的测试；能够通过测试活动，自发进行纸筒承重的实验设计；能够对测试的数据进行分析。

态度责任：领悟桥墩设计的心路历程，从小培养严谨的工程师思维，树立科学研究"源自生活、回归生活"的理念。

教学准备

一体机、各种规格的纸筒、承重盘、钩码。

（一）快问、快答导入，初步感知：不同形状的纸筒承重的探索

1. 教师出示不同形状桥墩的照片。

2. 出示课题。

师：仔细观察，同学们发现了什么？

生：桥墩的形状不同。

师：最常见的是哪种形状？

生：圆柱形。

师：为什么是圆柱形呢？

生：圆柱形桥墩的承重能力最强。

师：同学们怎么知道圆柱形桥墩的承重能力强？

生：我们用相同的纸做过不同形状的纸筒的承重测试，发现圆柱形纸筒的承重能力最强，因为圆柱形纸筒的受力均匀。

师：同学们想进一步研究桥墩的形状吗？这节课就一起进一步研究桥墩的形状吧。

评析： 课堂上无法研究真正的桥墩，于是教师出示粗细不同的圆形纸筒模拟生活中的桥墩。学生进入研究桥墩的情境后，发现纸筒有粗细的不同，联想到桥墩也有粗细的不同，提出想研究的问题：纸筒的承重是否和粗细有关？越粗的纸筒承重效果越好吗？将丰富多样的情境信息转化为与学习活动相关的主要信息，从而开启探究之旅。

（二）细致感知：侧面积不同的圆形纸筒承重的探索

1. 引出研究问题：侧面积不同的圆形纸筒的承重是否相同。

2. 汇报数据：数据处理，揭示规律。

师：在这间教室里可以用什么来作为桥墩呢？

生：纸筒。

师：既然要进一步研究，我们就要在之前研究的基础上开展，同学们最

想继续研究哪种形状的纸筒？

　　生：圆柱形。

　　师：那我们就用圆柱形纸筒作为桥墩，都赞同吗？

　　师：回想一下生活中见到的圆柱形桥墩，它们都长得一样吗？如果不一样，又哪里不一样呢？

　　生：粗细不同，高矮不同。

　　展示粗细不同的纸筒，展示纸筒的材料，展示面积不同的纸张。

　　师：如果老师现在把这些纸筒交给同学们，同学们会做什么研究呢？

　　生：纸筒承重测试。

　　师：为公平起见，测量方法要一致，请看大屏幕。

　　师：请同学们帮忙测试一下，结束了收拾好桌面哦。

　　评析： 通过初步探索，学生发现圆形纸筒的承重与粗细有关，并且越粗的纸筒承重效果越好。此时教师深入创设情境，将纸筒的侧面展开，出示长和宽的数据。学生发现这几个圆形纸筒的侧面积都不同，有的学生提出从侧面积入手，继续研究纸筒的承受力；有的学生提出新的问题，从侧面积研究有什么意义？通过分析讨论，学生思维产生碰撞，对他人的观点或想法进行积极思考与批判质疑。

　　（三）深入感知：侧面积相同的圆形纸筒的承重探索

　　1.引出研究问题：侧面积相同，但侧面的长宽比例不同的圆形纸筒的承重是否相同。

　　2.课件展示侧面积相同，但侧面的长宽比例不同的纸筒。

　　3.学生预测哪一个承受力最强。

　　师：通过刚才的数据分析，同学们有什么发现？

　　生：桥墩的承重是不同的，纸筒用量越多，承重就越强。

　　板书：面积不同。

　　师：工程师在设计桥梁的时候是不是桥墩越粗越好呢？

　　生：不对，还应该考虑成本。

师：这里有许多面积为100平方厘米，但长宽比不同的材质一致的材料，看看谁设计的纸筒桥墩的承重最强。可以按照什么比例去改造呢？

师：用刚才领取的器材测试新的材料的承重情况。因纸筒数量多，故需把握时间，尽快完成测量。记录员及时将数据输入到平板中，星标"桥墩的形状"数据统计表，并根据表格信息设计条形统计图。

评析：学生在探究不同面积的圆形纸筒的承重效果后，获取了相应的数据，但是一堆数据不经过处理还是一堆数据。只有对数据进行分析处理，才能把数据背后的宝藏开采出来。教师引导学生进行头脑风暴，学生结合数据进行分析，构建条形统计图的模型，呈现探究的结果。通过模型的展示，使得探究成果更加直观清晰，具有说服力。

（四）延伸感知（黄金比的启示）

1. 课堂小结。

2. 课堂拓展。

3. 学生结合小结，发表自己的推测。

4. 对"黄金比"进行介绍。

5. 谈收获。

师：不难发现，侧面积都是100平方厘米的纸筒，长宽比例不同，它们的承重效果也不一样，（　　　）范围的承重较强，（　　　）范围的承重较弱。

板书：面积相同。

师：还可以进一步研究吗？如果老师给你200平方厘米的纸筒，那么承重情况是否相同呢？需不需要去测量？给你300平方厘米、500平方厘米呢？

师：现实生活中，工程师们设计桥墩一定有最合适的比例。设计师的思路不仅限于第一步，他们在一步步地探索中总结得到最优方案。我们今天的探究也是如此。

师：关于今天这节课，同学们有什么收获？

评析：在课堂的结尾，教师引出了"黄金比"的概念，带着学生探寻比值间的关系，从而培养学生的高阶思维，使课程自然升华。

案例三：《悬索桥的秘密》

教学简介

本案例的教学内容为《设计桥梁》STEM 校本课程中的一个主题，主要引导学生围绕"悬索桥的桥面承重能力"这一核心内容展开项目式学习。案例围绕学科核心概念"技术、工程与社会"与跨学科概念"系统与模型""稳定与变化"组织教学活动，采用微项目设计教学法，注重多学科融合。在完成一系列桥梁的研究和学习后，基于生活中的大型桥梁多为悬索桥、斜拉桥这一实际情况，教师可引导学生探索梁桥模型、斜拉桥模型、悬索桥模型。学生在实验过程中充分参与探究实践，动手动脑，尝试解决工程师在桥梁设计中遇到的实际问题并设计改进方案。学生在发现问题、分析问题、解决问题、迁移问题的过程中，经历小组合作、动手操作、信息归纳分析等环节，进一步养成高阶思维能力和问题解决能力。

学生特点

在校本课程的学习中，学生已经基本掌握了常见桥梁的类型和结构、桥面的承重能力、桥墩的形状等知识，对桥梁有了初步的认知，为桥梁工程的继续学习积累了经验。五年级学生已经初步形成了一定的学习态度、自我意识和自主学习能力，对生活中的事物和现象有一定的了解和观察，但缺乏深入的思考和探索。基于生活中的大型桥梁是悬索桥、斜拉桥这一实际情况，教师可引导学生探索悬索桥、斜拉桥的特点和优点，并将习得的知识经验运用到生活中。

教学目标

科学观念：知道桥梁相关结构的名称和作用。不同形状的物体具有不同的承受力，改变材料的形状或结构可以提高材料的承受力。相对于梁桥，斜拉桥和悬索桥的结构具有更强的承重能力。

科学思维：学生运用观察、比较、分类、归纳等方法，分析悬索桥的结构特点和工作原理。激发学生的创新思维，鼓励他们提出改进悬索桥设计的想法和建议。

探究实践：会用拉索的方法改造桥梁以提高桥梁的承重能力和增大桥梁的跨度。会使用直尺、细绳、合适的重物等工具进行桥梁加工和测量桥梁的承重。

态度责任：培养学生的社会责任感和使命感，让他们认识到学习科学知识对未来社会发展的重要性。

教学准备

教师材料：希沃课件、实验记录汇总表、大型桥梁模型教具、拉力传感器、钩码 6 盒。

学生小组实验材料：电子书包、平板、实验记录单、简易桥梁模型套组 13 组（桥面、吊索、桥基、燕尾夹、桥塔、主缆、回形针 6 盒）。

（一）发现问题

1. 教师展示课件动画，海上大桥及万吨货轮受阻。

2. 教师提问：动画中出现了什么问题？

3. 学生回答。

4. 教师引出本课任务：改造桥梁，帮助货轮顺利通过，及时把货物送到目的地。

评析：借助动画，展示一个复杂的非良构问题，即货轮在遇到桥墩较密的桥梁时，可能会出现无法通过的困境。激发学生的探究欲，引导学生明确本课的任务。

（二）分析问题

1. 教师提问：如何改造桥梁，有什么方法？

2. 学生回答。

3. 教师展示桥梁结构图片，介绍桥梁结构，并提问：从桥墩、桥面长度等方面如何改造桥梁。

4. 师生交流：抽掉过密的桥墩，加大桥墩之间的跨度。

探究活动一：梁桥模型测试

a. 教师展示梁桥模型。

b. 教师请学生上台演示梁桥承重。

c. 师生小结：梁桥在增大跨度后，承重能力会变弱。

评析：通过师生互动交流、小组交流分享及一个简单的小实验，将改造问题聚焦到桥梁的类型上。从梁桥的桥墩、桥面承重等方面引导学生确定梁桥的缺陷，并引出改造桥梁的方案，即增大桥梁的跨度并且增加桥面的承重。

（三）解决问题

探究活动二：探索斜拉桥

a. 教师提问引导学生改造梁桥模型：桥面下不能再增加桥墩，那有其他的办法可以提高桥面的承重吗？

b. 教师播放制作斜拉桥模型的微课视频，并给出测试桥面承重的方法。

c. 师生沟通交流，明确实验注意事项。

d. 教师发放实验材料。学生分组做实验，并用电子书包记录结果。

e. 师生小结：相对于梁桥，斜拉桥的拉索能够增加桥面的承重。

f. 教师提问：在实验中，如果一直加回形针盒，斜拉桥会出现什么问题？

g. 教师播放微课，并谈话：斜拉桥的结构导致绳索的受力对桥塔和桥面有影响。

h. 教师播放力的示意图动画，并谈话：绳索这样拉着桥面挤压桥塔，那怎样改变绳索的方向，桥面就没有轴向压力了呢？请同学们试着在模型上调整看看。

i. 学生分组尝试讨论。

j. 教师播放动画，并提问：绳索方向调整成竖直的方向，对桥面的压力就消失了，那现在绳索从斜拉变成竖直方向，桥型更像什么类型的？

k. 学生思考后回答：更像悬索桥。

探究活动三：探索悬索桥

a. 教师播放介绍悬索桥的微课视频。

b. 教师提问：悬索桥和斜拉桥相比，多了什么结构，它的承重能力会不会更好呢？同学们可以通过什么方法得到结果？

c. 教师谈话：在原本实验材料的基础上，再给大家提供一根圆杆，用来模拟悬索桥的主缆。那悬索桥的吊索需要怎么悬挂？悬索桥的桥面受力情况会不会更好呢？

d. 教师播放实验微课：悬索桥模型搭建及测试方法。

e. 教师分发材料，学生分组活动，利用电子书包及时记录。

f. 学生分享实验结果。

g. 教师提问：通过分析实验获得的数据，请问悬索桥和斜拉桥相比，悬索桥好在哪里呢？

h. 师生交流分享。

探究活动四：比较悬索桥与斜拉桥

a. 师生讨论：对比悬索桥和斜拉桥，说一说它们的优缺点。

b. 教师展示大型桥梁模型教具，并谈话：使用高精度测力计实时检测桥索的受力情况，可得到悬索桥和斜拉桥的桥索对桥面的拉力大小，这样就能比较两种桥的桥面承重能力了。那怎么验证想法呢？老师这里也制作了一段桥梁，并且配置了一台能够精确测量绳索拉力的高精度测力计。现在老师将测力计装在绳索上，在桥面上放上重物模拟车辆，能测出绳索受到拉力的变化情况。到底该选哪一种桥，该装多少绳索呢？我们一起来看看。

c. 教师进行实验演示，请学生帮忙记录数据。（借助电子书包记录数据）

d. 师生交流，分析数据及图表，提出观点。

探究活动五：改造桥梁

a. 确定桥梁改造方案。

b. 教师布置任务：分小组设计桥梁改造方案。

c. 学生小组讨论并画出简单示意图。展示简单设计图并作出解释。

评析：采用结构化的桥梁模型，引导学生逐步对桥梁进行探究和学习。首先，制作斜拉桥模型，通过实验让学生直观地了解到斜拉桥的桥面承重情况。通过沟通交流，引导学生再叠加回形针盒，使桥面下降高度增大到与桥塔倾斜，引导学生再次改进，变为悬索桥。在悬索桥的实验中，引导学生观察悬索桥的优点，并引导学生思考、判断。接着，借助更大的模型、高精度测力计和实时监控软件，测量斜拉桥和悬索桥的单根绳索的拉力大小，进而对斜拉桥和悬索桥的承重能力和绳索数量展开深入探究。最后，根据今天所学，请学生设计出他们心中的桥梁改造方案，巩固本课所学知识。

第五章　科学概念教学中的
问题逻辑的设计

人们在认识活动中，经常遇到一些难以解决或感到疑惑的实际问题及理论问题，并可能产生怀疑、困惑、焦虑、探索等心理，这种心理又驱使个体积极思维，不断提出问题和解决问题。问题是一种在已有知识基础上向新知识推进的思维形式。马克思指出：问题是时代的格言，是表现时代自己内心状态的最实际的呼声。

教学活动是人类认识活动的一个重要组成部分，几乎所有的教学活动都与各种形式的问题有关。马克思认为，在教学活动中，提出问题是正确地分析问题和解决问题的前提。问题在教学的认识活动中占有极为重要的地位。教学离不开问题的设计，小学科学新课程标准提倡开展以问题为中心的教学。问题逻辑是专门研究问题的一门应用思维科学，它对教学活动的开展具有正确指导和积极推动的作用。

第一节　问题逻辑的基本内涵

一、问题逻辑的含义

问题逻辑是专门研究问题的应用思维科学，其中心任务是揭示"问题和答案""提出问题和解答问题"这个范围内所产生的各种问题的逻辑性质和关系，即研究问题的逻辑结构和类型、问题的预设和逻辑值、问题之间的逻辑关系等，是一种指向问题提出及其解答的教学方法和工具。教师为了实现一定的教学目标，常常根据学生的已有知识或经验，针对学生学习过程中可能产生的困惑，将教材知识转换为层次鲜明、具有系统性的一连串的教学问题，这个过程是问题逻辑的设计过程。从形式上看，问题逻辑是一问接一问，一环套一环的；从内容上看，它是问问相连，环环紧扣的；从目标上看，它是步步深入，由此及彼的。它的每一问都使学生的思维产生一次飞跃，它像一条锁链，把疑问和教学目标紧紧地连在一起。

在教学中，问题逻辑被看作是师生交互作用的动态发展过程。问题逻辑的设计要求教师把一个一个的学习问题有目的地组成问题系统，并进行链化、集合化或网络化等。小学科学教学的问题逻辑是指教师围绕小学科学探究目标，按照科学活动的内在逻辑关系、活动实施程序、学生思维特点精心组织设计问题群，并构成一个指向明确、思维清晰、具有内在逻辑关系的问题链或问题网。

因此，问题的引导在小学科学探究教学中具有重要作用，教师需要重视教学过程中问题引导的整体构思和语言逻辑。

二、问题的类型

根据不同的标准，问题有不同的分类法。例如，可以将问题分为是非问题、选择问题、特指问题三类；也可以将问题分为是 / 否的问题、列举事项的问题、寻求指令的问题、选择式问题；[①] 还可以将问题分为判断型、说明型、论证型的问题；也有把表达问题的问句分成是否类或联

---

① 张家龙. 略谈问题（问句）逻辑（C）. // 逻辑与语言研究会编. 逻辑与语言研究：第三集. 北京：中国社会科学出版社，1983：117-118.

系 - 问句、x- 问句或 WH- 问句，等等。[1] 比较常见的一种分类方法是把问题分为"5W1H"，即是什么（What）、为什么（Why）、什么时候（When）、什么地方（Where）、怎么样（How）、谁（Who）。

从教育逻辑的视角考量，无论何种分类法，均可以帮助教师在教学中有计划、有目的地提出富有启发性的问题，并在问题提出之后给学生指出思维的方向和寻找答案的蹊径，引导学生自觉、主动地进行思考，从已有的知识中引申出新的知识。[2]

对问题进行合理的分类，一方面，为教师选择恰当的提问方式提供了依据，帮助教师依据不同的教学内容及其要求，选取不同的方式提问。例如，目的是确定某一概念的内涵时，可以采用"什么是……？"（"什么 A？"或"A 什么？"）的提问方式；目的在于说明事理或过程时，可采用"……是怎么样的？"（"A 怎样？"或"怎样 A？"）的提问方式；如遇到要求论证说理的情况，可采用"为什么说……？"（"A 为什么？"或"为什么 A？"）的提问方式；等等。另一方面，对问题进行分类，可以帮助教师在设计问题组织教学时，分析问题的先后顺序与难易程度，根据循序渐进的原则，引导学生逐步分层解决问题。

例如，在引导学生研究纸的吸水性时，先向学生介绍不同纸张的名称，提问"这个是什么纸？"，然后让学生观察纸张的结构特点，提问"这张纸的特点是怎么样的？"，接下来引导学生将不同的纸条放入红墨水中，提问"同学们看到了什么现象？""为什么会出现这样的现象？"。通过选择合适的问题类型和安排合理的问题逻辑顺序，引导学

---

[1] 张尚水 . 关于问句逻辑的几个问题（C）. // 逻辑与语言研究会编 . 逻辑与语言研究：第三集 . 北京：中国社会科学出版社，1983：102.
[2] 中国逻辑学会形式逻辑研究会 . 形式逻辑研究（M）. 北京：北京师范大学出版社，1984：303.

生认识并理解纸的吸水性强弱与纸的毛细孔大小有关，从而将实验现象与材料的结构有机地联系起来。

三、问题的逻辑关系

（一）并列关系

并列关系的问题是平行的，无主次之分，有助于学生厘清知识脉络。这类问题主要在一些探究活动中使用，学生以探究对象的身份融入活动，在模仿探究问题的基础上批判性地分析自我角色，将主体情感投入探究活动，让自身的思维随问而变，进而提升高阶思维能力。

例如，教学苏教版小学科学四年级下册第三单元《昆虫》的第二课《养昆虫》时，教师可以提问：如果你就是那条蚕宝宝，在你的生长过程中，你会选择怎样的环境和条件？并适时引出下列并列关系的问题：（1）你选择22～28℃还是20℃以下还是30℃以上的温度？为什么？（2）你选择吃自然状态下的桑叶还是用水洗过的桑叶？为什么？（3）你在蜕皮时是喜欢有人帮助还是喜欢独自完成蜕皮？为什么？这种强有力的思维驱动效应，不仅有利于学生运用记忆、理解等低阶思维方式探究科学问题，而且能提升学生的归因、创造等高阶思维能力。

（二）递进关系

递进关系的问题由易到难、层层递进，为学生搭建了一个难度适中、思维分级、导学激趣的学习脚手架，使学生在由浅入深、环环相扣的精细化科学问题情境中不断建构知识，提升高阶思维能力。这类问题逻辑严谨，能够激发学生强烈的求知欲和探究欲。

例如，教学苏教版小学科学六年级上册第一单元《物质的变化》的第二课《铁钉生锈》时，教师设置了一级问题：在什么样的环境下，铁钉会生锈？一级问题统领后面三个二级问题：（1）无水无空气的环境下，铁钉会生锈吗？（2）水和空气有其一的环境下，铁钉会生锈吗？（3）有水有空气的环境下，铁钉会生锈吗？三个问题之间存在层层递进的逻辑关系。教师通过设计"两者均不满足""两者只满足其一""两者均满足"三种条件呈递进关系的问题链，探究空气、水与铁钉生锈之间的关系。学生通过观察、分析、归纳、整合与评价实验现象，得出"铁钉生锈源于空气和水"的结论。教师设计递进式问题链有助于搭建学生思考的有效支架，引导学生自觉对比与梳理实验现象，在各阶段探究过程中发现实验现象的原理。学生运用整合、解构、归纳等高阶思维能力，发展思维的严谨性与逻辑性。

（三）发散关系

发散关系的问题具有延展性和发散性。教师从某个中心问题出发，向不同的角度发散，通过若干小问题的引导，使学生的知识结构呈现系统化与网络化，从而培养学生的发散性思维。发散性问题呈现于教学的巩固与拓展环节，有助于学生在巩固所学知识的基础上，构建系统化与结构化的知识，突破科学探究的难点。

例如，教学苏教版小学科学六年级上册第一单元《物质的变化》第四课《化学家的研究》时，教师设计了如下发散性问题链：（1）紫甘蓝水与不同的物质发生反应会呈红色、紫色、绿色，这说明了什么？（2）紫甘蓝水分别与茶水、白醋反应呈现不同的红色，这说明了什么？（3）紫甘蓝水分别与石灰水、小苏打水反应呈现不同的绿色，这说明了什么？（4）分析以上问题同学们有什么收获？其中，第二、三个问题是第一个问题的延展，第四个问题是对前三个问题的发散。教师引导学生围绕上述问题链，设计实验方案并操作，通过分析、归纳与反思实验现象，促进学生思维的纵深发展。

四、问题逻辑与探究行为的关系

探究教学的过程要通过有效的引导来实现。问题是有效探究的一种重要形式，问题之间的内在联系，有助于导向对科学概念的探究，是科学课堂活跃的根基。

我们发现问题逻辑与教学行为具有如图 5-1-1 所示的关系，引导学生发现问题的过程就是教师铺设的引导过程；解决问题的过程是学生的实践过程，也是发现新问题的过程；解决新问题的过程就是引导学生向问题的纵深发展，从而提高学生的认知水平的过程。问题的引导在小学科学探究教学中具有重要作用，教师需要重视教学过程中问题引导的整体构思和语言逻辑。现在有些科学课看似学生们都很积极地参与探究实践，实则犹如萝卜煮萝卜，嚼之无味。究其原因是问题之间缺乏内在的逻辑联系或者逻辑关系错误。

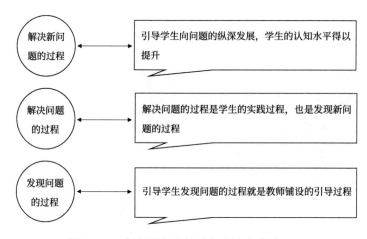

图 5-1-1　问题逻辑与教学行为的关系图

《义务教育科学课程标准（2022 年版）》中的课程理念提及"激发学习动机，加强探究实践"，同时强调"要让学生自己提出问题和解决问题"。这里所说的提出问题和解决问题是针对探究的整个过程而言的。发现问题的过程是铺设探究过程的前提，解决问题的过程是科学探究过程的中心环节。

（一）发现问题的过程是铺设探究过程的前提

问题是科学的生命之源。发现问题的过程通常是需要师生共同经历的。对于教师来说，可以通过这个过程来激发学生思维，调动学生的求知欲，从而顺利地进入解决问题的过程。对于学生来说，一旦明确要探究的问题，就能产生解决问题的欲望。所以，引导学生发现问题是整个探究过程顺利开展的关键。在实际教学中，教师可以做如下尝试：（1）设置会引起学生争议的实验，引导学生在争议中发现问题；（2）用平时常见但又不容易引起学生注意的现象来激疑导思；（3）引导学生深入观察，产生发散性的问题。

（二）解决问题的过程是科学探究过程的中心环节

问题的引入，不仅引起了学生的探究欲望，还能引导他们去"刨根问底"，进行更深入具体的探究活动。因此，解决问题的过程可以说是科学探究过程的中心环节。教师可以运用有结构的材料来引导学生思维，运用生活事例来检验学生的探究效果，根据学生的独特兴趣展开较深入的探究。

发现问题和解决问题是科学探究的两个主要过程，这两个过程是紧密联系相辅相成的，教学中把握好这两个过程能使探究教学法在科学教学中产生良好的效果。

第二节　问题逻辑设计的基本理念

一、问题逻辑设计的理念

理念一：问题逻辑引领科学探究的开展

问题逻辑中的一个个具体问题既是教学内容的载体，又是有效联结学生和教学目标的重要元素。教师以逻辑性强的连续性问题为教学活动的台阶与支撑，在体验、探究、分析、论证、交流等一系列活动中及时反馈和引导，帮助学生不断提出问题、分析问题和解决问题，逐步达到既定的教学目标。学生在问题的引领下主动获取知识，发展能力。

问题逻辑被视为有效教学的核心，是培养学生科学探究能力的有效途径。它是教师为学生自主、独立地发现问题，培养学生的探索精神和创新能力而设计的富有思考性的问题链，能激励学生积极思索，大胆设想，达到锻炼思维、发展智力的目的。

在这类问题的引导下，学生能有意识地整合现有知识，主动查找资料、运用资料，积极主动、独立地探究，进而养成勇于探索的精神。问题逻辑引领学生经历探究过程和深层次的情感体验，帮助学生建构知识，掌握解决问题的方法，从而实现自主学习、合作探究。

理念二：问题逻辑促进科学概念的理解

问题逻辑可以帮助学生建立新旧知识的联系。在问题逻辑中，一个小问题就是一个知识点，一条问题链就是一条知识线。通过问题逻辑的设计，学生可对平时学到的分散的、孤立的知识进行归纳总结，有意识地对知识进行分析、比较，将分散、孤立的知识组成相互联系的整体，形成一个系统化、结构化的知识网络结构。解决这类问题的过程能揭示概念的本质。在这一过程中，学生逐渐发现事物或事件之间的规律性关系，更好地理解知识点与知识点之间的内在联系，形成更深刻、更广泛的理解，逐步构筑自己的认知和元认知策略。

可见，问题逻辑能够有效形成和巩固新概念、原理、方法和原则，学生在不同情境中应用概念、原理、方法和原则，亲身体会所学知识的广泛应用性，理解概念的内涵和外延、概念的结构和体系，从而理解和建构科学概念。

理念三：问题逻辑促进科学思维的发展

杜威认为，思维的过程是事件的一种序列链。这一生产过程从反思开始，到探究，再到批判性思维，最后得到一个更为具体的"可以证实的结论"。思维可能不是自然发生的，但是它一定是由"难题和疑问"或"一些困惑或怀疑"而引发的。观察者"手头的数据"不会提供解决方案，仅仅能够给人启示。而正是对"解决方案的需要"，引导和维持着反思性思维的整个过程。问题的本质决定了思考的结果，思考的结果控制着思维的过程。不难看出，杜威着重强调了问题对于思维的重要意义，思维的发生就是"反思—问题生成—探究、批判—解决问题"的过程。

问题逻辑是一个有机的教学整体，以链状结构环环相扣，体现问题间的能级增益和学科思维的推进深化。教师可精心设计一些具有逻辑性的问题，诱导学生反思，充分暴露错误思维和差异思维，然后进行教学会诊，使学生在纠错和比较中，建构知识，培养技能，发展思维。一方面，教师通过引导和点拨有意识地启发学生掌握一些科学的思维方法；另一方面，学生也会主动思考和寻求解决问题的途径和思维方法。

二、问题逻辑设计的意义

逻辑与我们的工作和生活息息相关，尤其是在思维和语言中的意义重大。逻辑思维处于人的理性认识阶段，人运用概念、判断、推理等思维反映事物本质与规律的认识过程。

传统课堂教学的提问往往存在以下问题：（1）问题过于平淡，没有趣味性，不能引起学生足够的注意；（2）问题过于浅显，没有启发性和思考价值；（3）问题过于偏激，抓不住重点，纠缠知识的旁枝末节，分散学生的精力；（4）问题过于空洞，目的不明确，使学生无从下手，感到茫然；（5）问题过于深刻，使学生望而生畏，教学效果反而适得其反；（6）问题过于混乱，没有由易到难层层递进，不利于建构知识脉络和提升思维品质。

问题逻辑的设计意义主要体现在以下三个方面：

（一）确保课堂问题的有效提出

问题逻辑的设计可以提高课堂提问的效果，教师在设计的过程中可筛选出合适的问题类型和合理的问题逻辑关系。

一方面，教师可选择学生比较感兴趣的问题，激发学生学习的主动性的同时，降低学习的难度，为学生搭建构建知识的台阶，使学生能在轻松的氛围中学习知识。另一方面，为了解决某些较难的教学问题，教师可以由浅入深地解决疑难问题，在设计问题组织教学时采用分层次由浅入深的提问方式，通过一环扣一环、一层进一层的提问，引导学生的思维向知识的深度和广度发展，逐一解决难题。

教师通过问题逻辑的有效设计，创设一系列问题，形成螺旋上升的问题链，为学生搭建一个个问题台阶，让学生逐层解答，拾级而上，最终达到解决问题的课堂教学目标。

（二）引领教学行为的逻辑走向

教学活动是教师和学生双方共同进行的活动，确定问题逻辑结构的意义和价值在于，教师要根据某种"已知"提出疑问，充分发挥教师的主导作用，让学生经由"未知"获取知识，提升思维能力。同时，教学中还应引导学生把学习过程看成发现问题、提出问题、分析问题和解决问题的认识过程，体现学生的主体地位。

当教学流程能将教科书中的知识转换成层次鲜明、具有系统性的问题逻辑，并使之成为符合学生探究心理的问题逻辑时，教学流程便能有效地引领学生沿着问题情境去思考和探究，也就为学生生成了一条可攀登的递进式知识阶梯。

引导学生发现问题的过程就是教师所铺设的引导过程；解决问题的过程既是学生的实践过程，也是发现新问题的过程；解决新问题的过程就是引导学生向问题的纵深发展，从而提高学生的认知水平的过程。问题的引导在小学科学探究教学中具有重要作用，教师需要重视教学过程中问题引导的整体构思和语言逻辑。

（三）促进学生思维的纵向发展

问题逻辑的设计既能起到梳理知识、加深理解、强化记忆、形成技能的作用；又能使学生养成边学习、边总结的学习习惯；使他们不仅学会知识，而且会学知识；使复习的针对性大大提高，教学效果事半功倍。教师的单向活动时间变少了，课堂节奏变快了；学生在课堂上思维活跃，发言积极，打破了过去沉闷的教学氛围；学生学习的积极性被调动起来，从而学得主动，学得轻松，学得灵活，学得有效。

教师根据问题逻辑进行提问，能够激发学生积极参与，推动学生进行集体或独立的学习活动。所提出的问题需要学生通过信息的处理和加工，改变信息的形式或组织结构，应用比较、分析、综合、抽象、概括等思维形式来回答。教师可引导学生在已有经验的基础上进行猜想、预测，对实验得到的数据进行分析归纳，反思探究的过程和探究的结论……

问题逻辑像一根指挥棒，指引着学生的思维活动。用问题逻辑贯穿科学知识与探究活动，能使知识在问题链提出的过程中得到传递，在问题链解决的过程中得到接收，在问题链回答的过程中得到反馈，艺术地完成"传递—接收—反馈"这一动态认知过程。

三、问题逻辑设计的原则

（一）循序渐进原则

学生的认知是一个由易到难的循序渐进的过程，因此，问题逻辑的设计要遵循循序渐进的原则，即由易到难、由简到繁、由已知到未知、由现象到本质、由感性到理性、由具体到抽象。

新知识的建构应建立在学生的已有知识水平上，故教师在设计问题之前，需要了解学生已具有的基本知识和能力，针对学生未达到的认知能力设计问题。过于简单的问题，易造成课堂表面上的"积极"与"热闹"，而未能充分锻炼学生的思维；难度过高的问题易让学生无从下手，使课堂教学陷入困境。因此，设计问题时，问题的难度应控制在高于"现有水平"和低于"最近发展区"之间，分层次设计多个问题。同时，对于超过学生能力的任务，教师应主动提醒和点拨，以节省宝贵的课堂时间，把时间真正使用在学生可以完成的问题上。

因此，在设计问题逻辑时要遵循学生的认知发展规律。教师应注意各问题之间的衔接和过渡，既要避免问题的梯度太大，也要避免将问题设计得太细、太具体；否则既不利于学生培养思维的深刻性和独立性，也不利于学生形成相对完整的认识思路和掌握知识的整体结构。问题逻辑的设计，既要给学生指出思维的方向，引导学生深入思考，又要鼓励学生充分发表自己的看法，不能将学生的思维限制得过死。

（二）促进探究的原则

科学探究是学生学习科学的主要方式。科学探究指的是科学家们用以研究自然界并基于此种研究获得的证据提出种种解释的多种不同途径，也指学生们用以获取知识、领域科学的思想观念、领悟科学家们研究自然界所用的方法而进行的各种活动。[①] 探究表示要通过收集数据和运用数据来发展对概念的理解，探究意味着通过他们自己对问题的调查研究来获得科学知识。

在设计问题逻辑时，需要遵循促进科学探究的原则。用问题逻辑引领学生的科学探究活动，使探究结果具有一定的隐蔽性，促使学生自己去探究。科学学科的特点决定它是最适合进行探索活动的学科之一，设

---

① 美国国家研究理事会. 美国国家科学教育标准 [M]. 戢守志，译. 北京：科学技术文献出版社，1999：30.

计问题逻辑的本质就是加强科学探究活动的过程。它包括从观察科学事实出发，提出问题，观察和实验，寻找证据，得出结论。

问题逻辑引导学生探索解决问题的方法与途径，以及再发现问题；引导学生积极思考问题，促进学生参与科学的探究学习。教学过程不要求学生一定要得出完整的结论或产生独到的见解，而是给学生提供信息，将学习引向更深层次的问题研究。师生双方围绕环环相扣的问题情境，进行多元的、多角度的、多层次的探索和发现。学生在分析和解决问题的过程中，培养探究意识，增加实践机会，发展独立思考能力与科学思维品质。

（三）启发思维的原则

问题逻辑的设计能调动学生课堂学习的积极性，也能从中锻炼学生交流、合作、动手、思维等各方面的能力，特别是锻炼了学生的知识迁移能力，培养了学生的创新精神。这就要求教师的提问能激发学生思维，开启学生的思维闸门，引发智慧碰撞，激活生命体验，促进学生积极自主地参与学习，达到培养学生思维的深度、广度的目的。

课堂上，学生经过初步思考得出的结论可能是浅显、不全面的。当学生的思维不能深入时，教师应该及时进行追问，在肯定学生初步思考成果的同时，引导学生继续深入思考。因此，教师在设计问题逻辑时，要在学生辨析对比概念规律的基础上，提出明确的问题，有目的地引导学生把所学内容有条理地说出来，要说清楚、说全面。教师设计总结延伸的问题时应该具有一定的深入性，注意联系后续的学习内容，让学生产生一种迫不及待的探究心理，为进一步的深入学习打下基础。

教师只有将科学思维方法渗透于具体生活事件与科学实验现象的教学之中，才能使学生真正体会到思维方法的力量，并使方法真正成为帮助学生解决实际问题的抓手；只有深入地揭示隐藏在具体生活事件与科学实验中的一般规律，才能真正构建有效科学课堂。

四、问题逻辑设计的方法

问题逻辑的设计必须以教学目标为依据，以符合学生科学思维形成的方法和顺序进行，通过反复、递进的问题解决过程，使学生构建并掌握一定的思维方法，认识科学思维的存在价值，使科学思维的培养无处不在，又不着痕迹。在科学思维的形成和发展过程中，其方法及组合运用方式具有多样性和复杂性。问题逻辑的设计方法包括归纳与演绎、综合与分析、抽象与具体、逻辑与历史的统一。

（一）归纳与演绎

归纳与演绎是人们认识客观世界的基础思维方法。归纳是从特殊到一般的方法，也就是从某一类别中的部分对象以及该对象属性间的固有联系的认识，推理出该类别所有对象的某种属性的普适性规律的思维方法。演绎是从一般到特殊的方法，以一般规律的认识为基础，推演出个别结论的思维方法。

例如，在苏教版小学科学三年级上册第五单元《人的呼吸和消化》第一课《人的呼吸》的教学中，在"生物的呼吸和呼吸作用"的环节教学里，教师可以先通过依次展示喷水的鲸鱼、吐泡泡的鱼、飞翔的鸟、舒展的植物、奔跑的人及几个具有层次性和连续性的问题，让学生感知并归纳自然界中生物呼吸现象的普遍存在；再以本节课的具体研究对象为例，引导学生在已有的感性经验和认知结构中寻找问题解决的逻辑起点和方法，实现归纳思想的问题逻辑设计。教师也可以通过展示自然界中的各种生物都需要呼吸来维持生存和繁殖的普遍规律，引导学生得出"动物和植物都需要呼吸，人类作为动物的一种，必然需要通过呼吸进行气体交换、维持生存"的事实，进而提出课题研究"人体内的气体交换是怎样进行的"，实现演绎思想的问题链设计。

作为最基本的科学思维方法，在问题解决活动中，归纳与演绎往往需要结合起来运用，才会形成一个完整的思维过程。在教学中，教师可从学生的已有知识和经验出发，设计出一个问题链甚至多个密切相关、层层递进的问题链组合，采用严密的逻辑推理来总结事物的一般规律，深化和提高归纳和演绎这两种方法在科学发展史中的实证作用和对问题解决的指导作用。例如，在上述"生物的呼吸和呼吸作用"教学环节的推进中，学生在归纳出"呼吸作用为自然界中的生物提供能量"这个大前提，以及认识到"微生物也是生物"这个小前提时，就自然能理解"微生物等其他生物也有呼吸作用"，为构建完整的"异化作用"这个概念提供支持。

（二）综合与分析

综合是将某个研究对象的多个部分、多个方面和多个因素联系起来的一种思维方法；分析是将某个研究对象的整体分解为多个部分，把复杂的事物解析成简单的要素，然后分别进行研究的一种思维方法。

在进行"植物体内的物质运输"教学时，教师可引导学生将植物体的"茎"这一器官按照空间分布、结构特点的不同进行分解，在已完成"细胞是生命的结构和功能的基本单位"的基础上，对茎不同区域细胞的结构特点进行分析、推理并综合，从而完成"茎的结构和功能相统一"的研究。

科学研究总是以某系统为对象展开的，要对研究对象进行整体把握，再单独研究各个组成部分，并研究各组成部分之间、组成部分与整体之间的相互关系，然后综合成一个整体来认识。综合与分析就是这种"整体到部分再到整体"思想的具体操作方法。如宏观上自然界中的物质循环（包括水循环、碳氧氮等循环），微观上一个原子核和绕核运动的电子组成的原子系统的研究都得益于综合与分析思维方法的具体运用。

（三）抽象与具体

抽象就是在思维过程中把对象的某种属性、要素抽取出来，抛开其他属性、要素的一种思维方法；具体是指没有经过这种抽象过程的实际对象。抽象与具体是互补的，也是可以互相转化的。可以认为从具体到抽象就是事物—概念的形成过程，从抽象到具体就是概念—事物的应用过程。

科学现象所经历的过程多数是复杂的，要准确描述它们是很困难的。为此，在科学研究中，人们常常把具体事物抽象化，形成各种概念或模型来代替实际研究的对象，以便对有关的过程进行简化，以突出主体便于研究。科学教学涉及大量的概念和科学模型，如细胞、组织、器官、系统、群落、激素调节、光合作用、客观存在却无法直接观测的能量转换模型、食物链和生态平衡等。这些科学概念与模型在科学研究中都具有无可估量的作用。

科学研究的最终目的是科学地描述和解释客观事物及其规律，从而更好地认识和解决问题，即要从建立抽象的概念、模型过渡到更普遍、更丰富的具体对象，这也是思维发展更主要、更本质的阶段。也就是说，抽象不只是以具体为基础，还要以更普遍的具体为落脚点。

例如，教学"植物蒸腾作用和意义的认识"时，蒸腾作用是植物重要的生命活动之一，它不但与植物生存环境的变化有关，也与植物自身其他的生命活动密切相关。这节课教学的重难点是以系统的视角认识蒸腾作用的各个影响因素，从而构建起蒸腾作用的概念，并理解植物蒸腾作用的意义。因此，问题逻辑设计要以整体上理解植物体内的水平衡为基准，构建起蒸腾作用的概念和意义，同时用循环、平衡、适应、转化等视角构建生命的意义。

（四）逻辑与历史的统一

历史是逻辑的基础，而逻辑是历史在理论上的重现和修正，引导学生形成和发展逻辑思维的过程要与客观事物和认识发展的历史过程相符合，即逻辑和历史的统一。例如，"生命的诞生"主题主要以"自然发生假说""地球起源假说""外星起源假说"为背景，创设情境，建立假设，寻找不同证据，不断地推翻旧的假说，建立新的假说，再推翻，再建立。学生在体验假说的建立及寻找实证的过程中自然而然地习得科学思维方法，深刻体会到科学的本质就是在认识过程中不断发展、不断深入的。教师要使假说这种科学方法进一步内化为学生自身的思维能力。

为了推进教学流程，加深学生对观察、推断、假设、实验作用的理解，并让学生的思维向更高水平和逻辑层次方向发展，教师可以对一些历史进行科学合理的加工，设计出符合逻辑发展的问题逻辑，将几位科学家的实验合并为一个较完整的实验，并对科学史进行重组，实现逻辑与历史的统一。

在科学教学中基于科学思维的各种问题逻辑的设计和运用，对学生的科学思维方法的形成和发展有较强的导向作用。以科学思维培养为目的，设计符合科学思维形成与发展的问题逻辑，不仅能有效促进学生理解和掌握知识，发展学生思维能力，还是提高课堂教学效率的一种有效方法。

第三节　问题逻辑设计的实践过程

在课堂教学中，教师只有根据教学目标的要求、教学内容的内在逻辑关系和学生的认知水平，精心设计覆盖教材内容且水平较高的问题，才能引导学生通过高水平的思维来学习，从而使其通过解决问题来理解科学知识和发展科学思维。借助问题逻辑唤醒学生已有认知，激发学生探究欲望，引导学生探究活动，促进学生在观察、描述的基础上学会分析、推理、解释、思考等思维。

问题逻辑的设计应关注以下五个方面的问题：（1）问题逻辑是否有利于教学整体目标的实现，是否能建立广泛的联系和迁移；（2）问题逻辑本身目标是否明确，立意是否鲜明，是否指向学科核心问题；（3）问题逻辑是否符合教学进程的需求，是否为学生构建了基本支架或确定了思维起点；（4）问题逻辑出现的时机和问题展示的方式是否符合学生的心理需要，对学生的智力发展是否具有较高的价值；（5）问题逻辑是否具有层次性、递变性、情境性和经济性等特点，是否集思考价值、智力价值和情意价值于一身。[①]

一、创设问题情境

单纯的知识，是没有生命的。将知识转化成问题，也就是给知识赋予了生命。但仅有生命是不够的，还要有价值。将问题情境化，就是给有生命的知识赋予了价值，使学生对知识的学习产生情感。将所要教授的知识设计成有情境的问题，特别是将若干零散的知识用问题整合起来，使学生产生积极的学习心理。

创设问题情境的本质是创设一种能使学生原有的知识与需要把握的新知识发生强烈冲突的场景，从而激发学生探索的兴趣和动力。丰富的情境设置，不仅可以凸显问题的真实性和复杂性，更为学生提供了诸多反映不同观点的信息来源，有利于加剧学生内在潜概念与新问题之间的思维碰撞，从而唤起强烈的学习兴趣与学习动机。苏霍姆林斯基认为，所谓课上得有趣，就是学生带着一种高涨的、激动的情绪从事学习和思考。能够带来这种情绪的问题，应该是与学生的生活世界紧密相关的问题，越是贴近学生生活的问题，越容易缩小思维与问题之间的跨度和距离。问题的情境性和生活化，能够促进学生的情感认同与探究渴望，形成积极的问题解决的心理倾向。

---

① 顾建辛. 中学化学教学中教学问题设计的艺术 [J]. 中学化学教学参考，2005（12）：29-32.

在设计问题逻辑的过程中，教师应明白教材内容是死的，而教学是活的，树立教教材而非用教材的观念。教学的任务是将教材内容创设成问题情境，用问题逻辑组成能力主线，让学生体验知识整合的形成过程。教师要全面深入了解学生的生活环境和生活方式，选取那些为学生所熟悉的、生动而具体的生活场景和社会现象，再经过甄别、加工与提炼，使之成为切合学生实际的、能引导知识迁移的学习环境，让具体的情境与新知识的建构联系起来。

二、指向核心概念

现代教育理论倡导为了理解而教学。理解就是能够围绕某个主题展开一系列思维活动，例如，解释、寻找证据和实例、综合、应用、类推、以自己的方式复述等。伴随着对帮助学生深入理解所学知识的探讨，学校教育所涉及知识的深度和广度逐渐成为科学教育领域的一个议题，越来越多的科学教育工作者认同"少而精"的观念，强调科学教育应聚焦于发展学生对核心概念的深入理解。[1]

核心概念能够为新知识的获取提供组织架构，为学生将来更高层次的学习提供理解基础。科学学习的过程是一个把科学事实概括化以及概念发展的过程。小学科学教材上的知识与内容基本上按照由浅入深、由简单到复杂、由概念到规律的原则进行编排，一个主题常常围绕一个核心概念展开。学生在学习重要知识点或技能点的过程中，逐步建构对世界的理解，提升科学思维能力。

因此，问题逻辑的设计应指向核心概念。围绕核心概念开展课堂教学能够有效帮助学生系统地理解和内化知识，帮助学生将学习重心从记

---

[1] 杨文源，刘恩山. 为了理解的教学设计：从指向核心概念的问题开始 [J]. 生物学通报，2014（1）：28-33.

忆事实转移到深层次理解上，组织构建科学的知识体系，进而为深入理解事实性知识的本质提供途径，并将这种在学习过程中培养和发展起来的思维能力迁移应用于解决现实生活中遇到的复杂问题。[①]

三、选择逻辑顺序

人的认知常常是沿着非线性的路径发展的，在自然状态下的学习都是整体的，从最开始混沌的整体，到中间明晰的部分，最后归结于有机的整体。因此，小学生的好奇心往往指向于整体的问题，如"什么是生命""人类是怎么来的""电从哪里来"……然而学生的认知发展过程是按照由浅入深、由简单到复杂、由现象到本质的逻辑顺序进行的，因此教学内容的安排和问题逻辑顺序应遵循学生的认知发展规律。

在课堂上，教师应将一个整体的、对学生而言难以解决的大问题分解成若干个局部的、对学生而言容易操作和理解的小问题，合理提出问题，并有效编排问题出现的顺序，使问题链符合学生理解逻辑的顺序。因此，在问题逻辑设计的过程中，教师需要考虑学生的接受程度及知识的可理解性，选择并安排解决问题的逻辑顺序。

四、引导问题解决

人们对一般问题的关注点在问题的最终解决方面，而"问题解决"模式下的问题，关注点是问题的解决过程。前者只要把问题解决了即可，后者强调的是解决问题需要用到哪些知识、怎样获得这些知识以及怎样解决问题。前者的功能侧重于检测，后者的功能侧重于获取。前者是学习行为的结束，后者是学习行为的开始。

---

① 刘恩山. 在教学中实现主动探究学习与凸显重要概念传递的对接——《义务教育生物学课程标准》修订思路和要点 [J]. 生物学通报，2012（3）：33-36.

布鲁纳认为，学习者在一定的问题情境中，经历对学习材料的亲身体验和发展过程，才是学习者最有价值的东西。学生科学探究的过程就是一个不断提出问题和解决问题的过程。问题解决能使学生发现问题、分解问题，掌握审题方法；能使学生将新旧知识建立联系，使学习真正发生；能使学生积极主动思考，形成高阶思维。问题解决将学习蕴含于应用之中，它强调把学习设置到复杂的、有意义的问题情境中，通过让学生解决问题，来学习隐含于问题背后的知识，从而形成解决问题的策略，并发展自主学习的能力。

教师需要思考应选择什么样的素材、设计什么样的活动来帮助学生逐一回答这些问题。教师提供的素材需要配合活动方式以恰当的形式（如图片、数据、动画等）呈现给学生，可以是为学生回答问题提供的直接证据，也可以是需要学生分析的情境或现象。学生在资料分析、提问引导、观察总结等实践探究活动中获得证据，从而理解并解决问题。当学生在教师的引导下通过自己的思考找到这些问题的答案时，他们也就理解了该教学主题中的学习概念。

第四节　问题逻辑设计的教学案例

案例一：《弹力》

教学简介

本案例的教学内容为苏教版小学科学四年级上册第三单元《常见的力》的第二课。本节课以拉臂力器和拉弓的活动引出问题，借助橡皮筋、弹簧、海绵、钢尺材料引导学生探究物体的形状改变后发生的现象和物体具有的性质。教学环节有着合理的逻辑顺序，学生依次经历"体验弹力→认识弹力→认识弹性→认识弹性是所有物体的性质→应用于生活"的过程。本节课的重点在于感受物体的弹力并理解弹力的概念。

学生特点

本节课的教学对象是四年级的小学生，他们具有初步的抽象概括能力，但是具体形象思维仍然占主导地位。他们对物体的弹力现象具有一定的生活经验，但是他们不知道什么情况下物体具有弹力，也不知道弹力到底是什么，对物体的弹性性质似懂非懂。因此，教学应为学生提供可动手操作的具体活动，让学生在充分体验和感知的基础上，感受物体的弹力，理解弹力的概念，进而通过概括归纳，认识物体的弹性性质。

教学目标

科学观念：知道物体具有弹性，当形状或体积改变时会产生弹力。了解弹性在生产生活中的应用。

科学思维：在教师引导下，能用图示符号、统计图表等方式整理信息，能用比较科学的词汇陈述证据和结果。

探究实践：在教师引导下，能基于所学知识，制订简单的探究计划。

态度责任：乐于尝试运用多种材料、多种思路、多样方法完成科学探究，体会创新乐趣。

核心概念

弹力：能使物体恢复到原来的形状或体积的力，叫作弹力。弹力是物体的形状或体积改变后，自身具有的使形状或体积恢复成原来样子的力。

弹性：当物体受到外力作用时，形状或体积会发生改变；去掉外力后，又恢复原来的形状或体积，这种性质叫弹性。弹性是任何物体都具有的性质。

这两个科学概念既相互联系又相互区别。物体受到外力作用时，形状或体积会发生改变；去掉外力后，在自身弹力的作用下又恢复到原来的形状或体积，使物体表现出弹性的性质。可见，弹力和弹性总是同时出现的，它们之间相互联系、相辅相成。但是，弹力是力的一种形式，是物体间的相互作用；而弹性是物体的一种属性，是物体的一种共性。弹力和弹性是两个不同的概念。弹力的概念是具体的、表象的，而弹性的概念是抽象的、本质的，这两个概念存在着内在的逻辑关系。因此，教学要遵循学生由表及里、由现象到本质、先演绎后归纳的认知规律，先引导学生理解物体的弹力，再认识物体的弹性性质。

教学逻辑

图 5-4-1

教学准备

教师材料：臂力器、弓、课件。

小组材料：橡皮筋、弹簧、海绵、钢尺。

（一）创设情境，导入新课

1. 教师实物演示：拉臂力器。

2. 教师提问：臂力器发生了什么变化？

3. 学生观察并描述臂力器的变化。

4. 学生演示：拉弓。

5. 教师提问：弓发生了什么变化？

6. 学生观察并描述弓的变化。

7. 教师提出问题：物体的形状改变以后会发生什么现象？其中有什么奥秘吗？

8. 聚焦课题：弹力。

评析：创设问题情境。教师借助臂力器和弓，通过演示拉臂力器和拉弓，创设真实情境，激发学生的学习兴趣，引发学生思考物体形状改变以后会发生什么现象，从而聚焦问题，引入新课。

（二）实验探究，理解弹力概念

1. 教师展示图片或实物：弹簧、橡皮筋、海绵、钢尺。

2. 教师提出问题：用什么方法可以改变这些物体的形状？物体的形状发生了什么变化？撤去对物体施的力后，物体的形状又发生了什么变化？

3. 教师出示活动要求：认真观察，及时记录。

4. 学生小组活动，完成活动记录单（见表 5-4-1）。

表 5-4-1 学生活动记录单

物体名称	物体原来的样子	改变物体形状的方法以及物体形状改变后的样子	松开手后，物体最终的样子
橡皮筋			
弹簧			
海绵			
钢尺			

5. 学生交流汇报：实验方法和实验现象。

6. 教师提问：同学们用了哪些方式来改变物体的形状？

7. 学生思考回答：压、拉、捏、弹、弯……

8. 教师提问：压、拉、捏、弹、弯物体时，手有什么感受？

9. 学生思考回答：要用力。

10. 教师提问：去掉力后，物体发生了什么变化？

11. 学生思考回答：去掉力后，物体的形状恢复成原来的样子。

12. 教师讲解：物体受力导致形变，不受力形状恢复。使物体恢复原来形状的力叫作弹力。

13. 教师提出任务：用箭头画出弹力的方向。

14. 学生在活动记录单上画出弹力的方向，并展示汇报。

15. 教师小结弹力概念。

评析： 指向核心概念。教师为学生提供多种活动材料，让学生动手体验，真切感受力作用在物体上时，物体形状会发生改变，去掉力后，物体恢复原样。学生的动手实验活动、观察记录活动、画图建构活动、讨论交流活动都指向核心概念。体验式的引导能帮助学生重现和强化对弹力现象的认知，画图与交流能深化学生对弹力本质的理解，从而促使学生在各类活动的引导下理解并建构弹力概念。

（三）讨论交流，认识弹性现象

1. 教师提问：同学们还在哪些物体上感受到了弹力？

2. 学生思考回答：弹力床、篮球、皮球……

3. 教师讲解弹性概念。

4. 教师提问：是不是任何物体都具有弹性？

5. 教师播放视频：物体的微小弹性现象。

6. 学生讨论交流。

7. 教师小结：任何物体都有弹性，弹性是任何物体都具有的性质。

评析： 选择逻辑顺序。教师在学生理解了弹力概念的基础上，探讨特殊物体的微小形变，最后归纳物体的弹性，引导学生认识到弹性是物体的一种共性。人在建构对未知事物的认知时，一般的顺序是由表及里的，先弄清楚表象上的弹力现象，再去归纳物体具有弹性这一共性。因此，先弹力后弹性，只有"力"的体验丰富了，才能理解"性质"，这种逻辑顺序符合学生先演绎后归纳的认知特点。

（四）拓展延伸，解决问题

1. 教师展示图片：一双跑鞋。

2. 教师提出问题：如果要制作一双超级跑鞋，跑鞋的鞋底需要满足什么条件？

3. 学生思考回答：结实、防滑、弹性好……

4. 教师提出问题：用什么材料来制作跑鞋鞋底可以让跑鞋具有很好的弹性呢？

5. 教师提出任务：课后请同学们查阅资料，了解制作跑鞋鞋底的材料，制作一份报告书。

评析： 引导解决问题。教师以超级跑鞋为切口，引导学生用所学的知识来解决生活中的真实问题，帮助学生理解生活现象，体现了科学源于生活、服务于生活的理念。

案例二：《点亮小灯泡》

教学简介

本案例是基于苏教版小学科学四年级上册第四单元《简单电路》第一课《点亮小灯泡》创编的，同时也是学生学习电学知识的第一课。在"点亮小灯泡"的任务驱动下，调动学生的前概念，从设计到动手实践，到修正设计图，再到小结小灯泡亮起来的原因，引导学生亲历科学探究的过程，达到教学目标。

学生特点

四年级的学生对科学课的学习已经有了一定的基础，求知欲和参与科学活动的愿望明显增强。学生已掌握较多的科学知识和科学探究的方法，并能以自己的方式观察到许多细节，对科学探究活动的兴趣浓厚，已具备初步的探究能力和动手能力。学生在日常生活中已经接触过很多运用简单电路原理的小用电器，并对简单电路中的基本材料有一些初步的认识，但对其工作原理并不了解；且大部分学生的家长出于安全考虑，平时几乎不让学生接触类似的实验；有些女同学甚至对电有些惧怕。

教学目标

科学观念：知道一个基本电路的组成条件包括电源、导线、用电器、开关。认识开关的作用，能够把它加入简单电路中，控制灯泡的亮灭。

科学思维：能用简单的电路示意图模型来分析简单电路。

探究实践：通过将小灯泡点亮的探究活动，学会连接简单电路的正确方法。

态度责任：愿意与同学一起动手连接电路，学会合作、交流、分享。敢于根据现象作出大胆的想象与推测。

教学逻辑

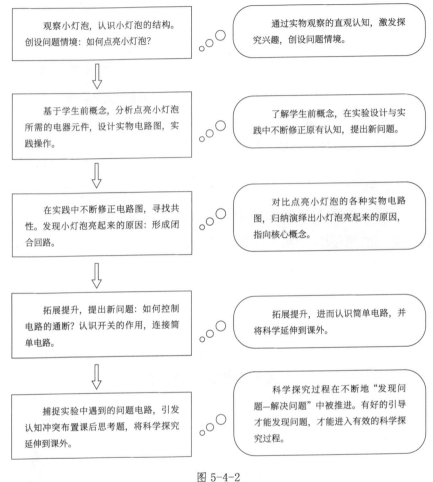

观察小灯泡，认识小灯泡的结构。创设问题情境：如何点亮小灯泡？

通过实物观察的直观认知，激发探究兴趣，创设问题情境。

基于学生前概念，分析点亮小灯泡所需的电器元件，设计实物电路图，实践操作。

了解学生前概念，在实验设计与实践中不断修正原有认知，提出新问题。

在实践中不断修正电路图，寻找共性。发现小灯泡亮起来的原因：形成闭合回路。

对比点亮小灯泡的各种实物电路图，归纳演绎出小灯泡亮起来的原因，指向核心概念。

拓展提升，提出新问题：如何控制电路的通断？认识开关的作用，连接简单电路。

拓展提升，进而认识简单电路，并将科学延伸到课外。

捕捉实验中遇到的问题电路，引发认知冲突布置课后思考题，将科学探究延伸到课外。

科学探究过程在不断地"发现问题—解决问题"中被推进。有好的引导才能发现问题，才能进入有效的科学探究过程。

图 5-4-2

教学准备

教师材料：视频、课件、自制可张贴可通电的电器元件。

小组材料：电池、小灯泡、导线、开关、电池盒、灯座、实验记录单。

（一）新课导入，认识小灯泡

1. 教师出示小灯泡。

2. 学生观察小灯泡的结构，小灯泡由玻璃外壳、灯柱、灯丝、金属外壳、锡点构成。

3. 教师展示 PPT。

评析：观察实物，直观认识小灯泡的结构。激发探究兴趣，创设问题情境。

（二）点亮小灯泡

1. 教师提出问题：让小灯泡亮起来，需要什么条件？

2. 学生交流回答。

3. 教师在黑板上张贴对应的自制电器元件。

4. 师生讨论实验中的用电安全。

5. 教师板书课题：简单电路。

6. 小组活动 1：设计点亮小灯泡的电路，用铅笔划线代表导线画出电路图。

7. 学生动手实验，设计电路图（灯泡及电池由教师提供贴画）。（如图 5-4-3、图 5-4-4）

图 5-4-3

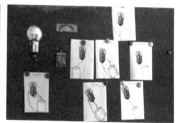
图 5-4-4

8. 展示学生设计的电路图。

9. 小组活动 2：严格按照设计图连接电路。要求：如果不亮，可以换一种连接方式，并用黑笔画出正确的连接方式。

10. 学生动手实验。

11. 学生展示修正后的电路连接图，并交流小灯泡亮起来的原因。

12. 用 PPT 图片展示灯泡内部结构及电流流动的动态图。（如图 5-4-5）

13. 教师模拟实物通路，灯泡亮。（如图 5-4-6）

图 5-4-5　　　　　　　　　　　图 5-4-6

14. 学生结合 PPT 动态图以及教师的讲解，了解短路及断路。

评析： 调动学生前概念，设计电路图，借助结构性材料，实物操作验证，并不断修正实物电路图，归纳演绎出小灯泡亮起来的原因。教学中以连续、逻辑性强的问题为教学活动的台阶与支撑，通过学生的体验、探究、分析、论证和交流等一系列活动，确立学生的主体地位。在这一过程中，教师通过及时的反馈和引导，帮助学生不断提出问题、分析问题和解决问题，促使学生主动获取知识，发展能力，逐步达到既定的教学目标，指向核心概念。

（三）连接简单电路

1. 小组活动 3：补充提供电池盒、单刀开关、灯座，连接简单电路。

2. 学生动手操作。

3. 认识开关对简单电路的控制，分析个别小组灯泡不亮的原因。

评析： 拓展电路组件，加入电池盒、灯座、开关等。有意识地引导学生对知识进行分析、比较，将分散、孤立的知识点组成相互联系的整体，形成一个系统化、结构化的知识网络结构，发现开关对电路的控制作用，知道简单电路的构成元件包括电源、导线、用电器和开关。

（四）课后拓展

思考： 观察电路，为什么开关断开，灯泡灭；开关闭合，灯泡亮？

评析： 捕捉学生连接电路中的遇到的问题，形成思维冲突，让课堂延伸到课后。

案例三：《桥面的结构》

教学简介

本案例为苏教版小学科学五年级下册第二单元《仿生》第二课《蛋壳与薄壳结构》的拓展。活动中教师引导学生综合应用所学知识与方法进行实践、探究与创新，融合科学、技术、数学、工程、艺术等多领域的知识与方法来解决问题，是一个具有跨学科性质的 STEAM 学习项目。

本课聚焦"如何做一个承重能力尽可能大的桥面"这一具体任务，引导学生开展制作、测试、解释、猜测、实践、收集数据、处理数据、分析数据等学习活动，引领学生经历参与、探索、解释、工程、深化、评价的 6E 学习过程。总体上，本课以培养学生学科综合能力为目标，尤其重视数据整理和归纳、找规律，以及计算思维的培养，旨在强化学生的实验能力和科学思维能力。

学生特点

本课程的实践对象是六年级学生，通过五年多的科学课学习，他们具备了一定的科学知识和科学探究能力，逻辑思维和抽象思维也得到了一定的发展，但综合应用能力还有所欠缺，因此，教师需要进行合理的引导，提供脚手架，引领学生发展思维，帮助学生完成工程任务。

教学目标

科学观念： 知道改变材料的结构能够提高承重能力。

科学思维：能收集数据、处理数据、分析数据，将表格中的数据转化为曲线图，寻找数据中的规律。

探究实践：通过用纸制作一个承重能力尽可能大的桥面，并进一步测试不同折边高度的 U 形桥面承重能力的变化规律。

态度责任：了解黄金分割在建筑、艺术、生活中的美学应用和体现。能在小组实验中合理分工、团结协作。

教学逻辑

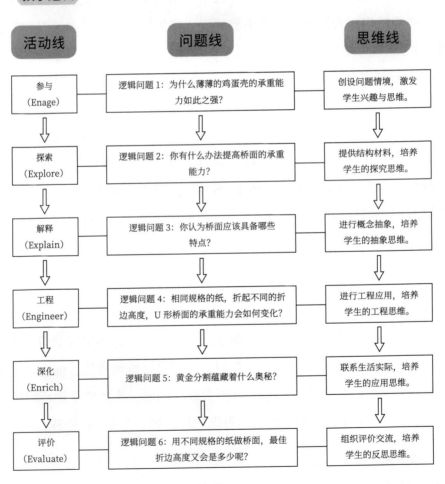

图 5-4-7

教学准备

物品准备：桥墩（垫板、木块、跨度 15 cm）、21 cm×15 cm 规格的 A4 纸若干、不同折边高度的 U 形桥面（折边高度分别为 0、1 cm、2 cm、3 cm、4 cm、5 cm、6 cm、7 cm，6 cm 宽的测试区域，背面两端各 3 cm 的桥台标记区）、21 cm×21 cm 规格的纸、1 角硬币若干、回形针若干。

资料素材：教学课件、测试 U 形桥面承重能力的视频、活动记录单、评价量规表。

教学准备：希沃白板、希沃连接助手 LINK、WIFI 网络、电子书包、石墨文档。

（一）参与（Enage）

1. 谈话：著名企业家李嘉诚曾说过"鸡蛋，从外打破是食物，从内打破是生命"，同学们是怎么理解这句话的？

2. 学生思考、交流。

3. 引导学生体验鸡蛋壳的承重能力：一个学生上台握（捏）鸡蛋壳（一个完整的鸡蛋壳）；一个学生站在由 20 个半个鸡蛋壳组成的平台上。

4. 交流：为什么薄薄的鸡蛋壳的承重能力如此之强？（逻辑问题 1）因为蛋壳是拱形的，承重能力强。

5. 导入新课：物体的承重能力与结构有关。

评析： 创设情境，借助学生熟悉的鸡蛋，引导学生参与体验活动，激发学生的兴趣；并出示逻辑问题 1，激发学生的思维，引入新课的学习。

（二）探索（Explore）

1. 交流：由于弧形（拱形）比较复杂，我们今天研究结构更为简单的纸。纸和蛋壳有什么共同特点？都很薄。

2. 提出挑战：将一张 21 cm×15 cm 的 A4 纸放在跨度为 15 cm 的桥台上作为桥面，做一个承重能力尽可能大的桥面。

3. 讨论：同学们有什么办法提高桥面的承重能力？（逻辑问题 2）

改变桥面的结构（如折成波浪形、弯成拱形、折成 U 形、增加厚度）。

4. 组织学生分组合作折桥面并测试。

5. 测试桥面的承重能力，汇报测试结果。

评析：提供结构材料，出示逻辑问题 2，引导学生初步改变桥面的结构并进行测试，培养学生的探究能力思维。

（三）解释（Explain）

1. 谈话：在刚才的制作测试活动中同学们有什么发现？

改变桥面的结构能够提高桥面的承重能力。

2. 交流：同学们认为桥面应该具备哪些特点？（逻辑问题 3）

承重能力强、适合通行、用料少。

评析：通过对逻辑问题 3 的讨论，引导学生进行概念抽象，培养学生的抽象思维。

（四）工程（Engineer）

1. 谈话：对于 U 形桥面，同学们有什么想进一步研究的吗？

2. 思考、交流：什么情况下的 U 形桥面承重能力最大。

3. 提问：相同规格的纸，折起不同的折边高度（如图 5-4-8），U 形桥面的承重能力会如何变化？（逻辑问题 4）

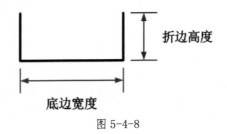

图 5-4-8

4. 交流、猜测：折边高度越高，承重能力越大。

5. 播放自制微视频：测试 U 形桥面承重能力的方法，了解测试方法和注意事项。

6. 组织学生测试不同折边高度的 U 形桥面的承重能力，用电子书包进行记录（见表 5-4-2），形成曲线图。

表 5-4-2　学生记录单

折边高度 / cm	0	1	2	3	4	5	6	7
回形针数量 / 个	0							0

7. 汇报小组测试结果。

8. 教师用石墨文档汇总全班数据，展示全班汇总数据的平均值及曲线图（如图 5-4-9）。

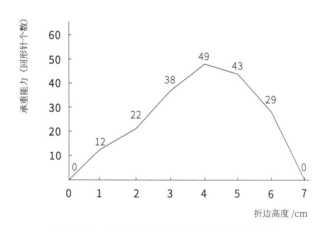

图 5-4-9　桥面承重能力与折边高度的关系

9. 交流全班测试结果，寻找最佳折边高度（折边高度为 4 cm，底边宽度为 7 cm）。

评析：通过逻辑问题 4 进行工程应用，聚焦 U 形桥面，引导学生深入研究 U 形桥面承重能力随折边高度变化而变化的趋势，寻找最佳折边高度，在测试、收集数据、处理数据、分析数据中培养学生的工程思维。

（五）深化（Enrich）

1. 谈话：承重能力最强的 U 形桥面，折边高度／底边宽度的比值为多少？

2. 学生计算，发现黄金比例。

3. 交流：黄金分割蕴藏着什么奥秘？（逻辑问题 5）

4. 介绍黄金分割及其在建筑、艺术、生活中的应用和体现：埃及金字塔、古希腊帕提侬神庙、人体的黄金分割（芭蕾舞）、蝴蝶、鸡蛋（完美的鸡蛋）。

评析：通过逻辑问题 5 把科学概念和生活实际相联系，通过了解黄金分割的运用，培养学生的应用思维和审美能力。

（六）评价（Evaluate）

1. 交流：这节课同学们收获了什么？

2. 拓展：用不同规格的纸做桥面，最佳折边高度又会是多少呢？（逻辑问题 6）

3. 谈话：请同学们课后思考并完成作业。

4. 分发评价量规表，组织学生课后完成评价（见表 5-4-3）。

表 5-4-3　评价量规表

评价项目	具体评价标准			自评	互评	师评
	1 分	3 分	5 分			
科学原理的表达	能说出 1 个改变桥面结构的方法	能说出 2 个改变桥面结构的方法	能说出 3 个改变桥面结构的方法			

评价项目	具体评价标准			自评	互评	师评
	1分	3分	5分			
数学知识的运用	数据收集不完整，不能准确地解读数据曲线规律，没有寻找到最佳折边高度	收集数据完整，不能准确地解读数据曲线规律，没有寻找到最佳折边高度	数据收集完整，能准确地解读数据曲线规律，能寻找到最佳折边高度			
实践成果	制作水平低，桥面的承重能力弱	制作水平中等，桥面的承重能力居中	制作水平高，桥面的承重能力强			
小组合作	由少数组员完成工作	所有组员都有参与，但是分工不明确	分工合理明确，合作有序，有数据记录			
学习态度	不专注，总是分心，遇到困难容易放弃	大多数时候能保持专注，遇到困难试图努力，但是努力时间短、次数少	全程保持专注，热情投入。面对困难，努力挑战，一直到成功			
总分						

评析： 通过逻辑问题6，延伸实践成果，并在进一步的拓展中，继续培养学生专注、热情的探究态度。

第六章　科学概念教学中的概念抽象

皮亚杰认为，儿童活动的内化过程也是概念化的过程，从具体概念水平、具体事物到抽象概念、脱离具体实物的过程。皮亚杰的概念化思维，是指儿童能够使用抽象概念进行思维活动，不再受制于事物表象。

概括化过程是概念学习必不可少的一个阶段，概念形成的依据是能够进行概括。概念的形成是一个抽象思维过程。概念抽象使学生从主客体不分的具体概念阶段发展到符号化和概念化思维阶段。只有掌握抽象思维能力，学生才能形成真正的概念。

第一节　概念抽象的基本内涵

一、概念抽象的内涵

（一）抽象

"抽象"（abstraction）一词源于拉丁语 ab（离开）和 trahere（拉、拽）。抽象既可以看作是从情境中"提取"的过程，又可以表示从上述过程得出的概念。抽象是对同类事物抽取其共同的本质属性或特征，舍去其非本质的属性或特征的思维过程，即反映在人们思维中对事物本质方面的最高的或最后的提纯。

皮亚杰对抽象的两种形式进行了区分：一是源于客观对象本身及其性质的经验性抽象（empirical abstraction）；二是作用在客观对象

上的行动的伪经验性抽象（pseudo-empirical abstraction）。例如：识别出不同皮球之间共同的外在属性（如花纹、颜色等）属于经验性抽象；从这些皮球中抽象出共同的图形属性（如球等）的过程属于伪经验性抽象；通过反思获得"图形属性过程的可交换性"。

抽象是一个元素，在不同情境中具有相同属性的就是一个元素。教育者不关心元素存在于哪个情境中，他们只关心具有相同属性的元素本身。对教育者而言，抽象就意味着去情境化。科学教师则会思考怎样使学生从情境中顺利地抽象出具有相同属性的元素，从而获得抽象的能力，在抽象的过程中养成习惯。

（二）科学抽象

科学抽象就是通过对事物表面现象或经验材料进行分析、比较，再对事物的具体信息进行分离、提纯和概括，抽象出其内在本质因素，形成科学的概念、规律和基本理论，以达到研究普遍规律和因果关系的思维方法。

科学抽象的过程就是从感性的具体到抽象的规定，再由抽象的规定到思维中的具体的过程。所谓感性的具体就是指人在实践过程中得到对具体事物的感性直观的认识，并形成一个"完整的表象"；所谓抽象的规定是指通过思维分析，把整体分解成局部，去掉那些非本质的东西，提取本质的东西加以规定，并形成概念；所谓思维中的具体就是抽象的规定只反映事物本质的某一方面，然而要对事物有真正全面的认识，还必须进行综合，综合对事物各方面的本质认识形成统一的整体。

（三）概念抽象

认识是对客观事物的反映，不能只是一系列的感性具体的反映，还必须进行一系列的抽象过程，才能形成概念和理论。

概念抽象是指将一类事物所具有的共同性质归纳起来，并从中抽取出那些能反映该类事物根本特征的本质属性。这一过程舍弃了原有事物的许多属性，只抓住事物最本质的属性，这就需要能够辨别事物的各种属性中，哪些是重要属性，哪些是可以舍去的属性。

概念抽象是大脑的高层次思维抽象过程。当感性具体的积累达到一定数量时，大脑这个高度发展的物质反应器或精神加工厂就运用抽象力对感性具体进行"去粗取精、去伪存真、由此及彼、由表及里"的加工改造，使感性具体质变为理性具体，进而质变为理性的概念。

概念抽象并不是脱离感性具体的空洞抽象，而是更深入、更完全、更准确地反映客观事物的内容和本质的抽象。

二、概念抽象的特征

（一）无物质性

概念抽象是对现象进行比较、归纳、概括的加工过程，它源于客观事物，却又高于客观事物。概念抽象是从零散的现象中抽取出共同的本质属性，抽象出一般特征规律，摆脱了客观事物的物质性质，具有无物质性。

（二）分析性

概念抽象需要分析思维的参与，具体包括分离、提纯、简略。分离就是把事物的特征从事物的所有属性中分离出来；提纯就是把分离出来的特征加以提炼，即把其中的非本质属性排除出去；简略就是把提纯出来的事物的本质特征加以简化。因此，概念抽象过程就是一个对事物进行分析的过程，具有分析性。

（三）直觉性

概念抽象常常离不开直觉思维，这是一种不通过分析过程或逻辑思维过程就能立马抓住事物的本质特征的抽象过程。这种直觉思维也称为非逻辑思维，它是一种不完整的分析过程与逻辑程序，依靠灵感或顿悟迅速理解并作出判断和结论的思维。这是一种直接的领悟性的思维，具有直接性、敏捷性、简缩性、跳跃性等特点，可以认为它是逻辑思维的凝聚或简缩。科学史上不乏凭借灵感顿悟科学概念的事例，概念抽象的直觉性发挥着重要作用。

（四）层次性

概念抽象不是一蹴而就、一气呵成的，它必须是逐步的、分层次的、缓慢的，是一个系统的工程。对于科学概念而言，必须要厘清科学概念的体系结构，理解科学概念是如何产生的，又是如何一步步发展的，每一次的发展都蕴含着怎样的抽象过程，摸清概念的发展轨迹，把握概念的发展脉络，抓住概念的发展节奏。同时也要明确当前学习的科学概念的上位知识和下位知识，了解当前学习的科学概念所在局部范围内的地位，把握好知识在整个知识体系和局部知识体系内的发展特点。

三、具体概念与抽象概念的关系

人的认识自反映始，但并不停于反映，而是要经过抽象，才能达到认识事物共性、本质的目的。千差万别的事物的共性反映到人脑中，并被人所掌握的过程称之为抽象。假如客观存在无共性，则无所谓抽象，也就无法分类。假如客观无差别，则无所谓具体，也就无法区分个体。如人们依不同的具体特点和不同的共同性抽象出有机物和无机物、动物和植物，动物又分人、牛、羊等，人又分男人、女人、大人、小孩等。这种归类是抽象，而区别则是具体。因此，抽象和具体总是联系在一起的。

抽象就是在思维过程中把对象的某种属性、要素抽取出来，同时抛开其他属性、要素的一种思维方法；具体是指没有经过这种抽象过程的实际对象。抽象与具体是互补的，也是可以互相转化的。具体到抽象就是从具体事物到概念的形成过程，抽象到具体就是从概念到事物的应用过程。在科学研究中，人们常常把具体事物抽象化，形成各种概念或模型来代替实际研究的对象，以便抓住主要因素，忽略次要因素，对有关的过程进行简化，以突出主体便于研究。

抽象概念与具体概念相对应，两者相互关联、互为补充、相互转化。抽象概念是指物体的定义性概念，通过使用语言而获得，是将物体或事物加以分类的规则。具体概念是指物体的属性概念，能通过被指认的方式来体现，即可观察的概念。抽象概念往往建立在具体概念之上，需要以具体概念为基础。

第二节　概念抽象的基本理念

一、概念抽象的理念

理念一：概念抽象的过程能够揭示概念的本质

当人们的认识由感性具体通过一系列的抽象思维活动发展到理性的概念具体和理论具体时，这不是离开真理、不是离开客观事物，而是更接近真理、更接近客观事物，但概念抽象其前提必须是科学的抽象，所得到的概念具体和理论具体必须是正确的。[①]

列宁曾经强调并指出，符合客观实际的科学的、正确的抽象，不但没有离开真理、离开客观事物，而且是更深刻、更完全、更正确地反映着客观事物，因而更接近真理。这是理性认识优越于感性认识的地方，也是概念具体和理论具体优越于感性具体的地方。列宁在《哲学笔记》中指出："当思维从具体的东西上升到抽象的东西时，它不是离开——如果它是正确的（注意）——真理，而是接近真理，物质的抽象，自然规律的抽象，价值的抽象等等。一句话，那一切科学的（正确的、郑重

---

① 雷乐耕 . "具体——抽象——具体"是人类认识过程中的三个发展环节 [J]. 邵阳学院学报（社会科学版），2007（6）：6-9.

的、不是荒唐的）抽象，都更深刻、更正确、更完全地反映着自然。"可见，"抽象"是使认识趋向真理的作用力和推动力。

理念二：概念抽象的过程能够加深概念的理解

列宁在《哲学笔记》中讲道："当逻辑的概念还是'抽象的'，还具有抽象形式的时候，它们是主观的，但同时它们也反映着自在之物。自然界既是具体的又是抽象的，既是现象又是本质，既是瞬间又是关系。人的概念就其抽象性、隔离性来说是主观的，可是就整体、过程、总和、趋势、泉源来说却是客观的。"

只要经过科学抽象的概念更深刻、更完全、更正确地反映了客观事物，就不是远离了客观事物，而是更接近于客观事物，而且随着概念具体和理论具体的发展，也就更接近地反映着客观事物的整体、过程、总和与趋势。

理念三：概念抽象的过程能够促进概念的迁移

史宁中教授认为抽象的过程分为 3 个层次：简约阶段、符号阶段、普适阶段。概念抽象的发展过程本身具有一个自身体系。在概念抽象的过程中，我们必须要从纷繁复杂的问题中，从感性的、初期的概念中，简化原始概念，用简洁的语言清晰地表达概念，同时通过理性思维分析富有感性的初期概念，并对其进行加工，使得概念更具有条理性，并更具有理性。在简单而又清楚地表达概念之后，应尽可能地用符号表示概念，进一步加大对概念的抽象程度，使得数学问题的本质更凸显、更清晰。当然，每一次的概念抽象过程，都是为了能够准确地把握概念的本质，使得其适用范围更广、普适性更强。

抽象是以概念、判断、推理的形式达到对事物的本质特性和内在联系认识的思维。概念抽象的过程让学生理解概念的本质内涵，通过对概念的归纳、加工和理解，使学生对概念的外延掌握得更加透彻，有助于学生将概念迁移应用到其他情境中，做到举一反三、学以致用。

二、概念抽象的意义

(一) 概念抽象有助于学生理解建构科学概念

概念是指从感性认识上升到理性认识，并将事物本质的特点从具体感知中抽象出来加以概括。它的内涵就是指这个概念的含义，就是该概念反映的事物所特有的属性，它的外延是指这个概念所反映的事物的范围。

科学概念的提出以一定的事实为依据，具有实践基础；以科学思想为指导，具有理论基础。它能将长期混淆不清的几个概念加以区分，使科学得到发展；它也能用正确的概念代替错误的概念，促进了科学研究的发展。

概念抽象的过程能够帮助学生将所拥有的经验和知识整合并抽象为具有一定解释功能的概念，将感性认识上升到理性认识，从具体感知中抽象出事物本质的特点，有利于促进学生对科学概念的理解和建构。

(二) 概念抽象有助于发展学生的探究能力

规律是客观事物发展过程中固有的、本质的、必然的联系，具有普遍性的一种形式。相对于事物的发展过程而言，规律指某一类现象的本质或本质间的联系，是运动的客观世界中相对静止的内容。

科学探究的教学，力求通过实验探究展示科学家的探究过程，潜移默化地引导学生掌握探究的基本方法。学生为获得规律而进行的探究活动可以分为以下几个阶段：第一阶段是实验和观察，收集材料和积累数据；第二阶段是描述，通过整理材料和数据获得一些规律；第三阶段是解释，解释经验规律及其本质；第四阶段是完善和修正，对经验规律的不断修正，以得到相对完善的规律。这一过程需要学生不断地进行概念抽象，将感性的事实抽象为理性的解释，为进一步的探究活动提供知识和方法基础。

可见，在探究规律的过程中一定要进行概念抽象，这不仅有利于获得规律，也有利于发展学生的探究能力。[1]

（三）概念抽象有助于培养学生的思维品质

人的大脑分为左、右两个半球，两个半球具有不同的思维功能。大脑左半球主要从事符号、判断、推理、概括等抽象逻辑思维，而右半球主要从事构图、识别、想象、猜测等形象直觉思维。形象思维可以使人们比较全面地认识事物，可以帮助人们解决某些比较困难的问题，可以帮助人们表达某些只可意会不可言传的信息，可以帮助人们理解某些难于理解的科学概念和原理，可以帮助人们创造出新的科学对象、方法和理论。然而，形象思维有时容易被一些表面现象迷惑，所得结论不一定可靠。抽象思维能够去粗取精、去伪存真、由表及里，从而认识到事物的本质；能够概括、提炼出更为普遍的规律；能够以少量符号表示大量信息；可以帮助人们把科学知识理论化、系统化；可以帮助人们发现新的科学对象、方法和理论。

小学低年级的学生形象思维占主导地位，小学高年级的学生开始逐渐发展抽象思维。而初中学生的抽象逻辑思维已在小学高年级得到了迅速发展，到中学这种思维已开始占主导地位。[2] 但他们的逻辑思维发展停留在"经验型"，在思考过程中具体形象成分仍然起主要作用，进行概念抽象的时候，还需要具体、形象、感性经验的支持，否则会遇到理解、判断、推理的困难。概念抽象需要同时调动形象思维和抽象思维，两者的相互转化可以帮助学生理解概念的内涵与外延。

形象思维善于提出解决问题的各种方法，抽象思维则善于按一定程序有条理地解决问题。大脑两半球通过胼胝体联结而相互作用。形象思维与抽象思维是互补的。如果充分发挥大脑两半球的共同作用，使形象

---

[1] 邢红军. 论科学教育中的模型方法教育 [J]. 教育研究，1997（7）：53-56.
[2] 张大均. 教育心理学：第 2 版 [M]. 北京：人民教育出版社，2004：232.

思维与抽象思维更好地结合起来，人们将会更加聪明，将会具有更大的创造性。

三、学生概念抽象的方法

（一）比较分析法

小学生在思维中对对象的抽象是从对对象的比较和区分开始的。所谓比较，就是在思维中确定对象之间的相同点和不同点；而所谓区分，则是把比较得到的相同点和不同点在思维中固定下来，利用它们把对象分为不同的类。学生把所需要的研究对象的性质固定下来，并用语言表达出来，这就形成了抽象概念，完成了抽象过程。

所以，概念抽象的过程就是比较和区分的过程，但在呈现比较过程时要按以下规则进行：一是要比较有意义的对象或具有确定联系的对象；二是比较应在统一的标准下进行，要比较什么由抽象的需要决定，且在同一种比较中需要统一标准；三是对同一性质做的比较应该在研究的所有对象间进行（即完全比较）；四是比较应能按一定的程序进行并在有限步骤内得出结果。

比较分析法是人探索自然和认识自然的一种重要方法，也是对问题进行归纳抽象的前过程，它不仅可以帮助定义新概念，还能帮助发现新的矛盾，进而引出新的问题。

（二）归纳概括法

归纳概括是科学发现和科学研究方法的重要特征，它舍弃了一些直观的、与研究角度无关的因素，仅保留了与研究角度有关的因素，因而通过归纳分析和抽象思维所定义的概念具有深刻性、精确性。

但是，归纳概括法受到下列因素的制约：一是观察审视问题的角度；二是分析抽象问题的途径；三是逻辑判断的方式。观察审视问题的角度不同，归纳概括的形态就不一样。

　　归纳概括法是科学研究的一个重要方法，而且是科学发现和科学创造的重要方法，所以在科学教学中应对归纳方法给予足够的重视。教师在教学中应结合具体教材内容，把归纳概括法有机地渗透到具体的教学内容中去。教师在教学中应重视对概念抽象过程的教学，也就是要重视对学生进行归纳方法的训练。

　　（三）模型建构法

　　现代科学研究认为，模型是原型简化后的印象，是对原型的属性进行科学抽象而形成的且能再现原型本质特征的一种类似物。[①] 模型是人们通过科学思维对自然世界中的原物抽象描述，是按照科学研究的特定目的用物质形式或思维形式再现原型客体本质关系。人们通过对模型的认识和研究，去获取关于原型客体的知识及其在自然界中的运动变化规律。[②]

　　建立概念模型实际上是撇开与当前考察无关的因素以及对当前考察影响很小的次要因素，抓住主要因素，认清事物的本质，利用理想化的概念模型解决实际问题。模型的建构有助于将复杂的科学过程分解、简化、抽象为简单的、易于理解的过程。

　　在概念抽象的过程中，需要对原始的、各种各样的感性材料、科学形象进行加工、改造、重组，通过分析、对比、归纳、想象等一系列思维操作，概括形成反映事物的本质特征的模型或概念。所以，进行合理的科学模型教学，可以增加学生必要的科学表象的贮备，能促使学生形象思维的发展，能帮助学生深入理解抽象的科学知识。

───────────

① 李仙鹏. 过程·思维：基于科学抽象教学价值的实践探讨 [J]. 丽水学院学报，2016（5）：100-104.
② 李慧强. 物理模型在科学教学中的运用 [J]. 才智，2011（3）：82-83.

第三节　学生概念抽象的实践过程

一、提供认知材料

生活中有丰富的感性材料和直观素材，感性材料越全面、丰富、直观，概念就越容易被掌握，抽象过程也越容易被理解。

科学概念大多都与现实生活有着密切的联系，是对自然现象的抽象与概括。学生通过对具体形象的认知材料进行观察和操作，获得丰富的感性认知，为理解科学概念提供认知基础。学生如果缺乏对概念实际背景和具体情境的理解，他们对概念本质的理解将趋于片面、浮于表面。

在概念抽象的教学过程中，教师应结合概念在现实生活中的原型，创设生动有趣且学生容易理解的问题情境，提供具体形象且丰富直观的认知材料，让学生在观察、思考、设计等一系列实践活动中获得足够的感性认知，将新认知与学生头脑中丰富的生活经验和知识基础建立联系，为概念抽象提供认知的储备。

二、寻找科学现象

科学教学提倡探究教学，重视学生亲身经历实践活动。学生在实践探究活动中动手操作、仔细观察、思考设计、收集证据、得出结论，像科学家一样经历观察探索实践的过程。

科学概念是内隐的，往往隐藏在科学现象中。学生在认知活动中看到的是纷繁复杂的科学现象，这些科学现象有的与所需要学习的核心科学概念有关，有的与核心科学概念无关。有关大脑认知活动的研究表明，无意注意会带来过多的无关现象，这将会干扰人们对相关信息的提取，导致学习效率低下。

因此，在概念抽象的教学过程中，教师需要合理地引导学生的有意注意，使学生有目的、有针对性地进行观察，尽可能多地寻找有关的科学现象，减少无关现象的干扰。

三、概括本质特征

科学现象停留于事物的表象，而科学概念深入事物的本质。将科学现象上升为科学概念，需要对现象进行分类比较，概括其本质特征。

在概念教学中突出本质特征且控制非本质特征的数量和强度有利于学生形成抽象概念。若只呈现本质特征，学生在面对非本质特征较多的实际问题时，就会注意不到事物之间的细微差异，因此还要控制好非本质特征的数量和强度。教师在教学过程中要注意强调本质特征，弱化非本质特征，从而使学生顺利地抽象出概念并把握概念的实质。

在概念抽象的教学中，一方面教师可以提供充分、典型和匹配的正例和反例，让学生辨别、比较，从而使学生学会辨别所学对象的有关特征和无关特征，促进概念学习。另一方面，教师可以利用直观手段，生动地显示事物的实质，使学生的已有经验得到重组和调整，从而概括出本质特征。

四、形成科学概念

在学习概念之前，学生头脑里已有一定的知识基础。教师充分合理地利用学生过去的知识经验，建立知识之间的联系，发挥学习正迁移的作用，有利于帮助学生对科学概念本质属性的理解和把握。

客观事物的本质特征和非本质特征是交融在一起的，这使学生在学习概念时容易产生混淆。为了避免这种误解，教师在教学过程中要重视对变式的运用，促进学生对概念的抽象和概括。

在概念抽象的过程中，教师需要引导学生比较并分析概念之间的差异，确定概念的内涵，区分概念的外延。学生通过概括抽象得到科学概念的本质属性后，用图画或文字准确地表达科学概念，也是一个重要的抽象过程。准确描述科学概念不仅能促进学生形成正确的概念关系和概念体系，而且能使学生在学习过程中全面而深刻地理解所学概念的内涵和外延。

第四节　学生概念抽象的教学案例

案例一：《拧螺丝的学问》

教学简介

本案例的教学内容为苏教版小学科学五年级下册第四单元《简单机械》的第二课。本课内容以拧螺丝钉的活动引出问题，从而转入轮轴原理的学习，认识轮轴的结构和特点。本课的重点是能够通过结构性材料探究轮轴可以省力的原理，难点是借助改进的实验装置理解轮轴是杠杆的变形。

学生特点

通过上一节课对杠杆的学习，学生对杠杆的结构及其省力原理有了一定的了解。而轮轴是杠杆的变形，所以在本课教学中教师可以通过已学的内容，帮助学生理解轮轴的结构和省力原理。但日常生活中能接触到的大多是变形的轮轴，轮和轴的连接并不明显（如螺丝刀、水龙头等），受抽象思维水平的限制，学生很难发现并理解轮轴是杠杆的变形。所以在教学中教师要帮助学生理解并建构轮轴概念，使学生认识轮轴的结构特点、轮轴的省力原理，从而实现概念抽象。

教学目标

科学观念：轮轴的结构特点是大轮称为轮，小轮称为轴，轮和轴固定，轮可以带动轴转动，轴也可以带动轮转动。轮轴是变形的杠杆，轮和轴的固定点是支点，轮是动力臂，轴是阻力臂。

科学思维：分析不同的轮轴类工具，了解为什么要在轴上或者轮上用力。

探究实践：分析实验现象，探究轮轴在什么情况下更省力。

态度责任：认识到机械能够省力，机械的发展给人们的生产、生活带来的便利。

教学准备

教师材料：课件、方向盘。

小组材料：大小不同的螺丝刀 ×12，钉有螺丝钉的木板 ×12，自制教具 ×12，钩码 ×12。

（一）认识轮轴的结构特点，初步建立概念

1. 教师展示螺丝钉实物，创设拧螺丝钉活动的情境。

2. 学生动手体验用两把不同的螺丝刀（刀杆一样，刀柄大小不同）拧螺丝钉。

3. 学生交流分享用不同螺丝刀拧螺丝钉的体会和感受。

4. 教师展示汽车方向盘实物，创设比力气游戏的情境。

5. 教师讲解比力气游戏的规则。

6. 两位学生上台比力气，力气大的男同学握紧汽车方向盘的底杆，力气小的女同学握紧汽车方向盘。

7. 学生尝试描述并解释观察到的现象：为什么力气大的男生输了，力气小的女生却赢了？

8. 教师展示水龙头和门闩的图片。

9. 教师讲解轮轴的概念：我们把像螺丝刀、汽车方向盘这样，轮和轴固定在一起，轮转动时轴也跟着转动的装置叫作轮轴。

评析：提供认知材料。教师采用实物螺丝刀和汽车方向盘认知材料，以拧螺丝钉的活动导入，让学生初步感知手柄大的螺丝刀比较省力，随后又马上开展"以汽车方向盘比力气"的游戏，让学生进一步发现握大的轮更省力，从而引出轮轴的概念，揭示轮轴的结构特点。

（二）动手实验，探究轮轴的省力原理

1. 教师提问：轮轴是省力还是费力？

2. 学生猜测。

3. 教师引导学生回顾杠杆的省力特点。

4. 教师展示改进的实验装置，如图 6-4-1。

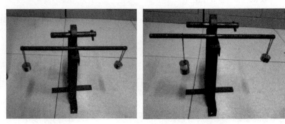

图 6-4-1　改进后轮轴装置实验图

5. 教师提出任务：在一端（右端）的杆 L_1 上挂上砝码，在装置的另一端（左端）的杆 L_2 上也挂上砝码，当 L_1=3 cm，L_2=1 cm 时，使整个装置（L_1，L_2）保持平衡，看看有几种方法。

6. 学生分组实验并做好实验记录，实验记录单见表 6-4-1。

表 6-4-1　实验记录单一

	长杆 L_1 上砝码的个数	短杆 L_2 上砝码的个数	我们的发现：
L_1=3 cm L_2=1 cm			

7. 学生汇报数据，并思考交流发现的规律：杆 L_1 需要的砝码数量少，杆 L_2 需要的砝码数量多；长的杆需要的力气小，短的杆需要的力气大；在杆 L_1 上用力比较省力，在杆 L_2 上用力比较费力。

8. 教师再次提出任务：短杆 L_2 的长度保持不变，改变长杆 L_1 的长度，结果有什么变化。

9. 学生猜测。

10. 学生分组实验并记录实验数据，实验记录单见表 6-4-2。

表 6-4-2　实验记录单二

	长杆 L_1 上砝码的个数	短杆 L_2 上砝码的个数	我们的发现：
L_1=2 cm，L_2=1 cm			
L_1=3 cm，L_2=1 cm			
L_1=4 cm，L_2=1 cm			

11. 学生汇报数据，并思考交流发现的规律：L_1 越长，需要的砝码个数越少；L_2 保持不变，L_1 越长越省力。

评析： 提供认知材料。教师自制实验材料，重新设置轮轴实验装置，为学生创设可动手操作和亲自体验的认知活动。这种精心设计的认知材料让学生在获得直观体验和感性认识的基础上进行实验探究，有助于促进学生将新知与旧知进行知识搭建。教师引导学生对实验数据进行综合整理和分析，发现"杆越长越省力"的规律，从而更为深入地概括实验装置的本质特征。

（三）总结归纳，建构科学概念

1. 教师小结实验现象和规律。

2. 教师提问：当短杆不断缩短，甚至短到支点上时，装置发生了什么变化？

3. 学生思考并回答。

4. 教师引导学生将轮轴与杠杆建立联系。

5. 教师出示实验改良装置，如图 6-4-2，引导学生思考并理解轮轴的省力原理，认识轮轴的本质。

图 6-4-2

6. 学生总结：当长杆保持不变，短杆越来越短，所花的力气就越小，越省力。当短杆最后缩短到支点上时，就变成了轮轴。

评析：形成科学概念。教师引导学生把轮轴与杠杆联系起来，将轮轴的结构与杠杆的结构一一对应，在旧知识的基础上搭建新知，促进学生对新知识的同化和顺应。通过提供认知材料、寻找科学现象、寻找本质特征，学生最终理解轮轴的结构特点和省力原理，从而抽象出轮轴概念。

案例二：《摩擦力》

教材简介

本案例的教学内容为苏教版小学科学四年级上册第三单元《常见的力》的第三课，属于物质世界领域，是在宏观认识力以及力的作用后，认识的一种常见的力——摩擦力。摩擦力存在于相互接触的两物体之间，是一种阻碍物体运动的力。教材涉及的摩擦力包括固体与固体、固体与液体、固体与气体间的摩擦力，内容较多，故将课程分解为两课时。本课的教学目标定位为认识摩擦力，借助学生探究活动及逻辑性问题的引导，发现增大摩擦力的方法。

学生特点

经过前面课程的学习，学生对力有了初步的了解，并在生活中积累了对摩擦力的感性认识，他们乐于参与到探究改变摩擦力大小的活动中，并热衷于动手实验。

教学目标

科学观念：摩擦力是一种阻碍运动的力。改变摩擦力的方法之一——改变接触面的粗糙程度。

科学思维：结合生活经验，分析并推理改变摩擦力大小的方法。

探究实践：分析实验现象，对摩擦力改变的原因作出合理的解释。

态度责任：交流摩擦力的好处与坏处，认识增大与减小摩擦力在生活中的应用。

教学准备

教师材料：视频、课件。

小组材料：粗 PVC 轨道、两截细的 PVC 管、砂纸、锉刀。

（一）情境导入，引出课题

1. 观看视频：演员成龙从玻璃幕墙滑下。相互分享自己看到了什么？听到了什么？想到了什么？

2. 再次观看视频，发现摩擦力，导出课题。

评析： 利用生活中的摩擦力情境导入，借助多种感官观察，获得足够的感性认识，调动学生前概念，为摩擦力的概念抽象提供认知储备。

（二）研究摩擦力产生的条件

1. 回忆生活中的摩擦力。

2. 聚焦问题：产生摩擦力的条件是什么？

3. 交流讨论、小结：两种物体之间相互摩擦产生力。

师：生活中，有没有类似的例子，可以产生摩擦力？

生：两种不一样的物体，例如头发和梳子；两种粗糙的物体；粗糙的物体摩擦力比较大，比如用丝绸的布擦桌子比较好擦，而用粗糙的布擦桌子会有"沙沙"的声音；玩陀螺；铁锤敲击石头有火花……

师（追问）：火花是怎么产生的？

生：铁锤和石头摩擦产生火花。

评析： 回忆生活中的摩擦力，将新认知与学生头脑中丰富的生活经验和知识基础建立联系，创设生动有趣且容易被学生理解的问题情境。学生通过概括抽象得到摩擦力产生的条件，用图画或文字科学地表达描述科学概念。

（三）探究改变摩擦力大小的方法

1. 材料：粗 PVC 轨道、两截细的 PVC 管。

2. 模拟实验：PVC 管模拟成龙从轨道滑落。

3. 提出问题：如何增大摩擦力？

4. 学生讨论，小组实验。材料：粗 PVC 轨道（斜度不变）、两截细的 PVC 管、砂纸、锉刀。

5. 学生实验后进行汇报。

6. 学生代表上台演示实验。

（1）演示1：一根未摩擦过的 PVC 管，一根已摩擦变得粗糙的 PVC 管（用记号笔做好标记），依次从轨道滑落。

（2）演示2：喊口令，两个同学用两根 PVC 轨道同时进行实验。

（3）演示3：一个同学同步实验两截 PVC 管。

7. 分析实验过程，巩固认识并对比实验变量的唯一性。（课堂实录情况如图 6-4-3 所示）

图 6-4-3

评析：提供具体形象且丰富直观的认知材料，在观察、思考、设计、实验、归纳等一系列实践活动中，逐步引导学生规范实验操作，并发现对比实验的唯一变量，提炼出改变摩擦力大小的方法，即物体接触面越粗糙，摩擦力越大。活动中教师有意识地强调本质特征，弱化非本质特征，以使学生抽象出概念并把握概念的实质。

（四）联系生活，拓展知识

1. 提出问题：在日常生活中有没有一些类似的现象呢？
2. 展示生活中的图片。
3. 找一找这些图片的共同特征。
4. 为什么这些物体的表面要做成凹凸不平的形状？
5. 引导学生多寻找一些生活中的事例。
6. 玩陀螺。
7. 讲一讲玩陀螺的体会：陀螺的哪个部分要增大摩擦，哪个部分要减小摩擦？
8. 利用所学联系生活想一想，生活中有没有什么东西可以改造。

评析：联系实际，让科学学习回归生活，加深对摩擦力科学概念的理解，促进概念的迁移。

案例三：《电磁铁》

教材简介

本案例的教学内容为苏教版小学科学六年级下册第一单元《神奇的能量》的第四课。从认识磁铁最基本的性质——磁性，到认识电池的数量以及垫圈的匝数会对磁力的大小产生影响，从而全面认识电磁铁的显著特性。

学生特点

通过前几节课的学习，学生了解了各种各样的能量，也认识到能量间可以相互传递和转化，但对电磁间的转换接触不多。本课将引领学生亲历一系列的科学探究活动，让学生寻找科学现象，概括本质特征，从而形成电磁铁的科学概念。

教学目标

科学观念：电磁铁的组成包括铁圈、铁芯、电池。电磁铁具有接通电流产生磁性、断开电流磁性消失的基本性质。

科学思维：制作电磁铁，分析并推理出影响电磁铁磁力的因素。

探究实践：分析实验现象，认识电磁铁的磁力大小与电池的数量、线圈的匝数有关。

态度责任：了解电磁铁在生产生活中的广泛应用。

教学准备

教师材料：课件、自制电磁铁教具。

学生材料：电池 ×12，漆包线 ×12，粗细不同的铁钉 ×12，回形针 ×12，实验记录单 ×12。

（一）温故知新，激趣导入开启课堂

1. 复习磁铁的性质。

2. 观看视频。

3. 引导学生明确本课研究的问题。

师：我们已经学了磁铁的性质，这堂课老师有一段视频给大家看。这段视频中警察在押解犯人时，犯人用了一种技术逃走，当然最后他仍被绳之以法了。等一下，请大家看一下他是怎样逃走的？（播放视频）

生：用磁铁。

师：用磁铁？磁铁有这么大的吸引力吗？同学们看到了什么？有一个很大的东西吸引了车里的什么东西？

生：枪、钥匙都被吸到车顶上去了。

师：有可能是什么物体吸的？

生：电磁铁。

师：这是我们这堂课接下来要研究的内容。

评析：提供认知材料。教师采用磁铁的视频认知材料，先引导学生温习磁铁的性质，再观看犯人利用电磁铁的性质逃脱的视频引出"电磁铁"，引发学生对电磁铁的探究兴趣，为概念抽象提供认知储备。

（二）初步实践，认识电磁铁结构

1. 教师出示吸铁盒教具，展示电磁铁在通电前后的磁力变化。

2. 学生汇报：断电前后观察到的现象、电磁铁的结构。

3. 教师引导学生归纳发现：电磁铁的组成包括铁圈、铁芯、电池。电磁铁有如下性质：① 通电产生磁性，断电磁性消失；② 电磁铁比普通磁铁的磁性大。

评析：提供认知材料。教师自制"电磁铁"实验材料，为学生创设可以亲自体验的认知活动。精心设计的认知材料让学生在获得直观体验和感性认识的基础上进行实验探究，将新认知与学生头脑中丰富的生活经验和知识基础建立联系，为概念抽象提供认知储备。教师用直观手段，生动地呈现"电磁铁"的本质，使学生的已有经验得到重组和调整，从而引导学生概括出"电磁铁"的一部分本质特征。

（三）设定方案，探究并得出影响电磁铁磁力的因素

1. 提出问题：电磁铁的磁力大小与什么因素有关呢？

2. 学生猜测。

3. 教师引导学生提出可能影响电磁铁磁力大小的因素：

（1）铁芯粗细；

（2）铁芯长短；

（3）电池节数；

（4）漆包线的粗细；

（5）线圈匝数。

4. 引导学生完善实验方案，尝试控制变量进行研究，并记录数据。

5. 引导学生交流探究实验发现。

6. 引导学生归纳影响电磁铁磁力大小的可能因素。

评析：再次寻找科学现象。教师提出任务，引导学生探究影响电磁铁磁力大小的因素。学生通过动手操作、仔细观察、记录数据，从而搜集证据、寻找科学现象，形成科学概念。通过提供认知材料、寻找科学现象、寻找本质特征环节，学生最终理解"电磁铁"的组成和磁性的特点，从而抽象出电磁铁的概念。

第七章　科学概念在教学中的生活还原

教学是生活世界中最常见的一种形态。教学的主体是现实生活世界中的人，教学的内容源于生活世界中的经验，教学的资源更属于物质化的生活世界，教学的理念也是从生活世界的活动中抽象出来的。教学是学习的一种重要方式，也是人成长的重要途径。教学不仅源于生活，更需要服务于生活，以帮助人们更好地理解和利用身边的事物。

教学应超越我们所直接感知的、经验化的、不具备逻辑结构的生活世界本身。教学活动本身就是超越现实的具体生活世界。

第一节　生活还原的基本内涵

一、生活还原的含义

生活还原是指把抽象的概念回归到生活中加以理解，将概念还原成具体的生活现象，使学生能够在不同的生活现象和情境中理解概念，从而实现概念的迁移与应用。

生活还原源于著名哲学家胡塞尔对生活世界意义构造的讨论。胡塞尔在《欧洲科学危机和超验现象学》中曾将"生活世界"描述为"作为唯一实在的，通过知觉实际地被给予的、被经验到的世界，即我们的日常生活世界"。[①] 胡塞尔的"生活世界"是最原初的、生动的、丰富的、不被概念所绑缚的世界，是一种前概念的世界。[②]

胡塞尔之后，海德格尔把生活世界当作人存在的直接呈现，看作一种人与外界尚未分化的原初状态、一种以活生生的体验为基础的存在状态。哈贝马斯则认为生活世界是由人的日常交往活动所构成的，同时它又充当着日常交往活动的背景，具有经验性、直观性、总体性、整体性和奠基性等特点。舒茨把生活世界划分为直接经验世界和间接经验世界，前辈人的世界、同辈人的世界和后辈人的世界。我国学者衣俊卿把生活世界划分为日常生活世界与非日常生活世界。杨骞认为，生活世界"不是指'生活环境'，也不是指'自然世界'和'社会世界'，而是指对人生有意义，且人生活在其中的世界，是人生的过程，生活着的心物统一的世界"。[③] 熊川武、江玲则认为"生活世界是处于一种自在状态的世界，是以传统、习俗、经验、常识、朴实感情与自然资源等因素构成的生存场域"。[④] 这说明生活世界本身是一个有多重构成、多重结构和多重意义的世界。总体上来看，生活世界都具有直观性、自在性、重复性、经验性、朴实性及实用性等特征。

另有观点认为，生活世界是实体世界和关系世界的统一。实体世界源自笛卡儿所提的实体概念，它可以由于自身而存在，即无须其他实体的帮助。现代社会呼吁人从封闭走向开放，通过人与人之间的交流互动来推动关系世界的建立。

---

① 孟献华，李广洲. 教学世界对生活世界的观照：兼论"教学回归生活世界"[J]. 教育理论与实践，2011（13）：45-48.
② 埃德蒙德·胡塞尔. 欧洲科学的危机与超越论的现象学 [M]. 王炳文，译. 北京：商务印书馆，2001：203，213.
③ 杨骞. 课程改革与生活化原则 [J]. 中小学教学研究，2001（5）：12-14.
④ 倪梁康. 现象学及其效应：胡塞尔与当代德国哲学 [M]. 北京：生活·读书·新知三联书店，1994：132.

生活世界是一个交互主体性的世界，是每个人存在着的世界，是每个人都能理解其客观对象的世界。人们通过社会交往实践，来实现对人的切身性考察和对生活的真正还原。概念教学也应回归生活世界，实现其对生活的还原。

二、教学世界与生活世界的关系

教学与生活的关系问题一直是中外教育家们关注的焦点。纵观历史，主要形成了三种观点："教学准备说"，如斯宾塞"教育为完满生活做准备"；"教学即生活说"，如杜威"教育即生活"；以及"生活即教学说"，如陶行知"生活即教育"。这为教师思考教学与生活的关系提供了借鉴价值。

事物是普遍发展的，发展是通过矛盾运动，既对立又统一，通过质量互变，否定之否定而实现的。其中，对立统一规律是唯物辩证法的实质和核心。用辩证的观点看教学世界与生活世界，其实质也是既对立又统一的矛盾统一体。

一方面，教学世界与生活世界相互区别。教学世界与生活世界是两个不同的概念，它们各有其范围、目的和运行规律。生活世界是一种处于自在状态的世界，教学世界虽然源于生活世界，但它有自己的运行目的、特点、规律等，它与生活世界是有所区别的。教学世界为了实现自己的目的，一直在不断地发展自己、壮大自己，从而发展成为一个与日常生活世界相互区别的世界。

另一方面，教学世界与生活世界相互联系、相互促进、共同发展。教学世界源于生活世界。学校以教学为主要组织形式，是随着生活世界的发展而诞生的，是从生活世界中孕育出来的。同时，它的产生又能促进生活世界的进一步发展。教师与学生作为教学中的主体，他们首先是生活世界中的人，然后才是教学活动的一部分。生活世界中的政治、经济、文化等因素共同影响着教学世界，它们支配着教学世界的目的。可以说，有什么样的生活世界背景，就有什么样的教学世界。[①]生活世界的每一次进步和飞跃都促进了教学世界的重大变革，例如教师的出现、教学媒介的发展等，都对应着生活世界的进步和革命。当然，教学世界也反作用于生活世界。教学世界对生活世界的反作用不仅表现为继承和传递生活世界的文化，更表现为教学世界变革现实生活、改造现实的力量。同时，应该改良教学世界和生活世界，充分发挥两个世界的合理性，追求各自的资源优势，使之更加融通，使之在人类合规律、合目的、合情理的追求中同存共生，形成相互促进、相互发展的动态统一。

三、概念抽象与生活还原的关系

概念抽象与生活还原是相对应的。概念抽象是从具体到抽象的过程，生活还原是从抽象到具体的过程。具体指的是客观存在着的或在认识中反映出来的事物的整体，是具有多方面属性、特点、关系的统一。抽象指的是从具体事物中抽取出来的、相对独立的各个方面、属性、关系等，两者在人的认识中互相联系和转化。认识从低级的、感性的具体认识开始，经分析形成概念的抽象认识，又经综合再现具有多方面属性、特点、关系的统一整体，进而形成高级的、理性的具体认识。

科学概念的学习首先是一个抽象的过程，即将生活现象抽象成科学概念；然后再进行生活还原，即将科学概念还原成生活现象。在这个过程中，概念抽象过程的生活现象是单一的、片面的、孤立的，生活还原过程的生活现象是多元的、全面的、举一反三的。

杜威曾经从理论上分析说："科学标志着在高度专门化的技术条件下完善的知识，这个事实，使科学研究的结果自身远离平常的经验——

---

① 金建生. 教学世界与生活世界的辩证存在 [J]. 教育评论，2005（2）：41-43.

这种远离经验的性质通常称之为抽象。"①经过抽象得到的科学概念需要回归学生的具体生活，让学生学会抽象现实生活中的科学知识，并运用科学思维来分析具体的生活问题。

第二节　生活还原的基本理念

一、生活还原的理念

理念一：生活还原让概念教学回归学生主体

建构主义认为，学习者不是信息的被动接收者，而是主动获取知识的参与者。学生是学习的主体，学生的观察、思考、探究活动是一个自主的过程。

学习动机理论认为，引发和维持学生的学习行为需要动力的支持，这种"需要"是积极性的重要来源，包括自我决定的需求、成就需求及亲和需求。情感与认知活动具有密切联系，通过情感诱惑才能产生认知活动。

认知心理理论认为，学生对知识的掌握需要一个过程，在教学中要充分考虑学生的认知特点，学生的思维已经具有完整性和逻辑性，但他们的抽象思维能力不强，仍需要具体事物来辅助。小学生对社会的接触有限，他们对新鲜事物更感兴趣，也会被生活中的真实事件所吸引。因此，教师要充分调动学生的生活体验，找到与教学内容的契合点，使得学生与教学能产生情感共鸣，从而使核心素养目标得到实现及升华，育人的教学效果得到彰显。

生活还原让科学概念教学回归学生主体。在科学教学中，教师要

---

① 杜威．新旧个人主义：杜威文选 [M]．孙有中，蓝克林，裴雯，译．上海：上海社会科学院出版社，1997：161.

注意选取合适的教学内容和方式，激发学生的学习动机和主动性。学生所熟悉的生活满足了学生的亲和需求和成就需求，让他们觉得科学更具亲和力，易唤醒学生的学习意识和好奇心，促使他们乐于获取知识。教师要把生活中的真实事件引入课堂，激发学生的求知欲，让学生思考生活、感悟生活，使得他们从单纯地学习知识转变为运用知识解决生活中的实际问题。

理念二：生活还原让概念教学回归生活世界

自从斯宾塞提出自然科学最有价值的观点后，在西方国家，科学教育确实在为个人的完美生活做准备。近代国人虽说没有强调为个人的完美生活做准备，但也开始重视科学教育对一个民族生存与发展的价值。总之，无论是对个人还是对群体而言，人的生活世界需要超越，而超越之法需要依靠科学教育。可见，科学教育的产生与发展源于生活的需要，它与人的生活世界有密切的内在联系。

杜威的实用主义教育理论认为"教育即生活"，强调教育要通过生活形式来完成，学校教育要与学生的生活经验结合起来，这样的教育才具有价值。科学教育要以学生的生活为出发点，从生活中发现科学，并把所学知识运用于生活中，帮助学生理解生活中的现象并解决生活中的问题。

生活还原让科学概念教学回归生活世界。一方面，科学概念教学应源于学生的日常生活实践，让学生能够从现实生活中理解和掌握科学知识，体验到科学的独特魅力，让科学知识回归生活；另一方面，科学概念教学要让学生学会运用科学思维来感知生活，用科学思维来解决生活问题。

理念三：生活还原让概念教学回归社会现象

现代社会生活已与传统的社会生活有很大的不同。新科学和技术的发展，使得科技暴露出自身的局限性和人的情感、需求，"人之为人"的价值理性逐渐受到关注。现代教学作为现代社会的一部分，学生的主体地位、个性要求、自主发展、情感体验等需求逐渐凸显出来。

　　教育是因生活所需而产生的，不仅有个体生活的需要，还有社会生活的需要。现代社会要求教学要关注人的社会体验，让教学回归其本身的"价值理性"。教学的过程不再仅仅被视为一个概念化、符号化的过程，还是价值追寻的过程。

　　生活还原让科学概念教学还原社会现象。科学概念教学不仅要回归学生个人的生活经验，还要关注社会现象。在信息技术快速发展的社会中，学生能够接受广泛的信息，而信息主要源于网络。因此，教师可以选取网络热点问题作为知识背景，并讲解相关的科学知识。这些科学知识背景都是生活中的常见问题，具有新鲜感，需要学生结合生活经验和社会经历分析问题，从而构建自己的科学观。同时，在教学过程中，教师要注意设置层层推进的背景材料，吸引学生来挖掘知识。科学知识本身是枯燥的，但若赋予其鲜活的背景，就能有效促进学生理解科学知识，让学生意识到科学来自生活，又高于生活，为学生成为一个真正的社会人而服务。

二、生活还原的意义

（一）使科学教育回归儿童主体

　　教学的科学化是教学发展的巨大进步，然而，对得到"最大的效率"的科学化过分追求，使得教学忘却了其本身应有的使命——人的教育。在实际的操作及理念层面，有些教学已渐渐脱离真正的教育，教师们需要警惕。儿童是自身学习和生活的主体，教学应该回归儿童主体，关注学生的行为，尊重学生的已有经验和认识。

　　生活还原有助于科学教育回归儿童主体，促进科学概念教学基于儿童经验和视角，不灌输，不强加，在学生原有生活经验上进行合理的引导，把概念和规律回归生活的教学中。

（二）在抽象概念和生活经验中建立联系

建构主义认为，学习在本质上是学习者主动建构心理表征的过程，是主体以已有的经验为基础，通过与外部世界的相互作用而主动建构新的理解、新的心理表征的过程。[①] 这说明学生已有生活经验是学习的起点，是学习之所以发生的中间环节，旧知识和新知识之间需要建立联结，抽象概念和生活经验之间需要建立联系。人们从出生就开始积累形形色色的生活经验，这是学习新知识不可或缺的背景知识，它关系到新知识同化的广度和深度。多数生活经验源于个体的生活体验，从儿时的游戏开始，在成长过程中累积，并随着年龄的增长愈加丰富。对于新知识的学习过程，生活经验是必要的，一般不主动作用于学习的过程，但当教师做指向性明确的引导或联系后，它将迅速成为积极的知识同化因素。

生活还原有助于学生在抽象概念和生活经验中建立联系。学生对生活世界中的客观事物进行直观的观察和直觉的理解，并试图加以解释，从而获得科学知识，并应用于解释生活中的现象。

陶行知的"生活即教育"理论，一方面要求真实的、广阔的生活应该走进教室，让课堂充满生活气息；另一方面要求教学要走出教室，走进真实的生活天地，融入学生的生活之中。因此，科学概念教学活动应从学生熟悉和喜欢的生活事件和生活场景出发，在情境中获得新知识和新概念。而学习到的科学概念应及时应用到真实的生活情境中，帮助学生理解和解决生活中的现象和问题。

生活还原为学生应用生活概念搭建桥梁。学习活动与真实生活融为一体，生活的过程就是学习的过程，学习的过程也是实际生活的过程，教学与学生的真实生活之间由此建立了一种直接的、内在的联系。教师

----

① 李娇. 试论将学生经验作为课程资源的开发策略 [J]. 现代教育科学，2007（4）：52-54.

在科学概念的教学过程中，要做好生活与知识的衔接，为学生创设生活情境，鼓励学生从现实生活中找出问题、分析问题，并利用所学知识解释生活现象，从而解决生活问题。

三、生活还原的方法

（一）基于概念的举例

举例是指列举有代表性的和恰当的事例对概念进行说明和阐述，是对抽象概念的具体化，将抽象概念转化成形象的、易理解的实例。基于概念的举例，用通俗易懂和有代表性的例子来加以说明，避免出现单纯道理讲解带来的枯燥和难以理解的问题。

生活还原要汲取生活之泉，捕捉生活现象，采集生活实例。因此，教师要结合学生所熟悉的生活和知识，重组教材内容，增加教材的趣味性和现实性，用丰富的事例拓展概念的外延及概念与生活的联系，让学生觉得知识与生活有着密切联系，激发学生的学习兴趣，培养学生用科学思维分析实际问题的能力，促进学生对概念的理解和应用。

（二）用概念解释生活现象

科学教学回归生活不能简单地理解为插入生动有趣的内容或单纯地引入实例，而是要以学生熟悉的生活为出发点，引导学生用所学的科学概念解释生活中的现象，为学生提供联系科学知识与生活的实践机会。学生将所学的科学概念与生活现象联系起来，运用科学概念理解并解释生活现象。这样既能为学生答疑释惑，又能加深学生对科学概念的理解，增加学生学习科学的兴趣。当科学学习融入学生的生活后，科学问题不仅激发了学生的学习热情，而且培养了学生的问题意识。

科学教师应发展学生已有生活经验和知识，引导学生不断地思考、领悟，做到触类旁通、举一反三、学以致用，将科学概念应用于生活现象，从而增强学生的迁移应用意识。

（三）用概念解决生活问题

《义务教育科学课程标准（2022 年版）》明确指出，义务教育科学课程是一门体现科学本质的综合性基础课程，具有实践性。科学课程有助于学生保持对自然现象的好奇心，从亲近自然走向亲近科学，初步从整体上认识自然世界，理解科学、技术、社会与环境的关系。科学课程要培养的学生核心素养，主要是指学生在学习科学课程的过程中，逐步形成的适应个人终身发展和社会发展所需要的正确价值观、必备品格和关键能力，是科学课程育人价值的集中体现。在问题解决中，教师可利用学生的已有经验，设计面向生活的、模糊的、结构不良的问题，强化问题的实践情境，培养学生的实践意识和解决问题的能力。

生活问题往往是综合和复杂的，需要学生对问题进行分析，综合运用所学的知识解决问题。当学生能够利用自己所掌握的科学知识来解决生活中的一些问题时，学生学习科学的信心和积极性有所提升，有助于学生对科学概念的理解和建构。因此，教师要引导学生把所学知识和生活实际联系起来，综合运用所学的科学知识和方法解决生活中的一些实际问题，培养学生在实际生活中的探索意识和创新意识，增强学生的社会实践能力。

第三节　学生生活还原的实践过程

一、理解概念

理解概念是指学生在动手实验、发现现象、收集证据的基础上，将丰富的感性认知概括成抽象的科学概念的过程，理解概念的内涵，厘清概念的外延。科学问题的解决和科学思想的形成离不开学生对科学概念的理解。科学概念是建立科学规律和原理的基础，是培养科学思维方法的起点。

理解概念是生活还原的前提条件。概念和理解紧密相关，概念可以指个人概念或科学概念，理解主要表现在概念的相互联系、概念的迁移应用和概念的多种表征上。教师应帮助学生将概念与生活联系起来，将不同的概念联系起来，用多元的方式将概念应用于不同的情境，从而促进学生理解概念。

二、情境还原

情境还原是指以学生熟悉的生活背景和经验来进行科学概念的教学。学生利用熟悉的生活来学习知识，然后把所学知识运用于新的生活情境中。情境成了生活世界与科学学习的中介，促进学生从具体情境中获得抽象知识的全过程，引导学生去发现知识，借助自身的生活经验和知识，从现实生活中抽取新知识，进而运用新知识去解决问题。

情境还原要求教师改变传统教学内容的"书本世界"和"理论知识"，不仅要关注那些系统逻辑的"共同知识"，更要关注现实的"生活经验"和"生活情境"，力图把学生的生活经验纳入学生学习活动中。形象、真实、直观、生动的情境能够激发学生学习和参与活动的兴趣，巧妙地把儿童的认知活动和情感活动结合起来，为科学概念的学习提供经验基础，有助于学生对科学概念的理解和运用。

三、生活连接

生活连接是指将科学概念与生活中的现象和问题建立联系，引导学生根据所学的概念来发现和理解实际生活中的现象，运用所学的概念来解释和解决实际生活中的问题，从而加深对概念的理解，促进对概念的建构。

杜威曾经说过："学习应成为儿童真正生活的地方，并从中获得他所感到高兴和有意义的生活经验，教育应该是生活的本身，而不是生活的准备。"从生活中找寻科学问题来开展教学活动，设置紧扣生活问题的知识练习，关注学生的学习过程及知识运用情况。学生能够感受到生活处处皆科学，将科学与生活联系起来，实现科学的生活价值。科学概念教学与生活连接，教师结合现实生活讲解科学问题，能够让科学概念的学习回归实践，促使学生从现实生活中发现科学问题、构建科学知识体系。

四、迁移应用

迁移应用是指将新概念与旧概念进行类比，通过比较异同加深对概念的理解，从而将概念运用于生活情境，进而解决实际问题。学习迁移是指一种学习对另一种学习的影响，或习得的经验对完成其他活动的影响。学生利用已有的知识经验不断地获得新知识和技能，新知识和技能的获得也不断地扩充和丰富学生已有的知识经验。

科学概念教学不仅要传授学生基本的知识和技能，而且要回归于生活，还原于社会，要建立科学与生活之间的联系，引导学生从生活中发现问题，积极探索和解决科学问题，提高学生迁移应用的能力。受认知水平和思维能力的制约，学生有时候并不能自觉地联系生活中的相关原型来解释科学现象或规律，这就要求教师要有针对性地引导学生进行联想和迁移，激活学生的相关生活经验。

第四节　学生生活还原的教学案例

案例一：《神奇的怪坡》

教学简介

本案例的教学内容为苏教版小学科学五年级上册第五单元《人体"司令部"》的第二课《从刺激到反应》的拓展。将科学探究的过程与方法显性化，是本套教材的特色之一，本课集中引导学生进行测量探究活动。本课的教学内容遵循用教材教的精神，对教材内容进行了一定的改编和拓展，以满足教学上的需求。"怪坡"是厦门的一个奇特的自然景点，教师能将之运用于"用工具测量"的教学之中，突破了时间与空间的限制，运用先进媒体，将多种科学教学资源组合在一起，将科学学习活动还原到真实的生活情境中，引导学生迁移应用。

学生特点

本节课的教学对象为五年级的小学生，他们对科学学习有着强烈的好奇心，对奇怪的现象有着浓厚的研究兴趣。很多学生去过"怪坡"，在平时的交谈中教师发现，学生虽然去过怪坡，却没有人真正地测量过"怪坡"的坡度。因此，教师为学生提供网络环境，让学生寻找测量"怪坡"坡度的方法，引导学生制作出"测量工具"，并进行实地测量，为学生提供一次解决实际问题的机会。

教学目标

科学观念：认识测量是一种重要的探究方法，是获得精确数据的一种重要手段。认识到借助工具对事物进行测量可以获取准确的数据。

科学思维：制作"测量工具"进行实地测量，学会解决实际问题的科学方法。

探究实践：体验测量的整个过程，包括提出问题、找寻方法、制作工具、制订步骤、得出结论、思考拓展。

态度责任：意识到科学探究过程中精确测量的重要意义。

教学准备

教师材料：课件、"怪坡"录像。

小组材料：直尺、细绳、量角器。

（一）理解概念

1. 教师展示容易产生视觉偏差的直线图片，如图 7-4-1。

图 7-4-1

2. 教师引导学生观看图片并交流观察到的现象。

3. 教师提问：用什么方法可以证明线是直的还是弯的？

4. 学生思考回答：用尺子测量。

5. 教师展示容易产生视觉偏差的圆形图片，如图 7-4-2。

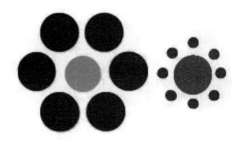

图 7-4-2

6. 教师引导学生观看图片并交流观察到的现象。

7. 教师提问：用什么方法可以证明两个圆的大小是否一样？

8. 教师解释什么是测量，并引入新课。

评析：理解概念。教师借助两幅典型有趣的图片，激发学生的学习兴趣，引发学生思考，以疑导思，让学生在观察、思考、交流的过程中认识到为了更准确、更精确地认识物体，通常需要借助一些工具对物体进行测量，从而让学生理解什么是测量，并认识到测量的重要性。

（二）情境还原，生活连接

1. 教师介绍"怪坡"，如图 7-4-3 所示。

图 7-4-3

2. 教师播放关于"怪坡"的录像。

3. 学生课前交流，并实地考察"怪坡"。

4. 学生在网络教室上网查阅解决问题的方法。

5. 学生交流汇报测量"怪坡"坡度的方法。

6. 教师提出任务：课后实地测量"怪坡"的坡度。

师：同学们找到了什么方法？

生：用一块硬纸板自制一个简易的半圆量角器，在量角器半圆的圆心处用图钉和一根小细线悬一重物，站在山坡的一侧，双手握住量角器，使量角器的底边与山坡保持平行，读取细线经过量角器的刻度数，再从该刻度数中减去 90°，则为山坡的坡度。

师：以四人小组为单位，想一想为什么这样做能测出坡度，画测量工具的制作草图，安排好每个组员的任务。大家可利用周末的空闲时间在家长的带领下到"怪坡"测一测"怪坡"的坡度。

评析：情境还原，生活连接。教师选取当地的一段"怪坡"作为研究对象，还原真实情境，让学生对身边熟悉的"怪坡"进行关注和观察，将科学学习活动与生活进行连接，引导学生对生活中熟悉的、真实的、可实地考察探究的事物进行测量，让学习活动还原到生活中去。

（三）迁移应用

1. 学生课后利用查找到的方法，实地测量怪坡的坡度，并记录测量过程中使用到的工具、方法、遇到的问题以及测量的结果。

2. 学生制作一份"怪坡"汇报书，汇报书包括需要解决的问题、解决问题的方法、解决问题使用到的工具、解决问题的步骤、解决问题的最终结果以及自己的思考和建议。

3. 学生下一节课在课堂上展示交流"怪坡"汇报书。

4. 教师介绍公路局测量"怪坡"坡度的方法和结果。

5. 教师引导学生分析思考自己的测量结果跟公路局的测量结果的异同。

（学生课后实地测量"怪坡"坡度，并完成汇报书，下节课交流汇报）

评析：迁移应用。教师引导学生利用查阅到的方法实地测量"怪坡"的坡度，让学生记录整个测量过程，包括提出问题、找寻方法、制作工具、制订步骤、得出结论、思考拓展。学生将课堂上学习到的知识和概念用来解决实际问题，这是一个学以致用、迁移应用的过程，有助于发展学生解决问题的能力。

案例二：《能量的转换》

教学简介

本案例的教学内容为苏教版小学科学六年级下册第一单元《神奇的能量》的第三课《能量的转换》。在对能量及其形式有了初步的了解后，教师将引领学生探究各种形式的能量之间是如何转换的，为他们今后学习物理最普遍的定律——能量守恒定律——打下感性认识基础。教师借助生活中常见的现象，引导学生通过实践、观察，体会到能量的一个重要的特点：它可以由一种形式转换成另一种形式。然后利用实例让学生弄清能量是怎样从一种形式向其他形式进行转换的。能理解并描述能量转换的过程是本课的学习重点，也是教学难点。分两个层次：一是通过描述，让学生弄清楚各能量之间是如何转换的；二是学会使用模式图来解释能量之间的转换过程。拓展活动要求学生用卡通画的形式来解释几种能量之间的转换，对学生探究技能是一次很好的锻炼，也是对前面学习的一个检验。

学生特点

学习本课前，学生对能量及能量的形式已有初步的认识，且学生在生活中接触到的能量转换的实例很多，所以本课教师首先引导学生将对能量转换的感性认知概括成抽象的科学概念，并以此为基础进行生活还原，为学生应用生活概念搭建桥梁。

教学目标

科学观念：一种形式的能量可以转换成另一种形式的能量。能用画图（图表或图画）的方法解释能量转换的过程。

科学思维：基于生活实例分析，认识到能量之间可以转换，且能量转换是经常发生的。

探究实践：分析、设计能量转换器，将能量转换的概念进行迁移运用。

态度责任：以概念解释生活现象，主动发现生活中的能量转换无所不在，激发对能量转换的好奇心。

教学准备

教师材料：有关能量转化的图片资料。

学生材料：手动电筒及其他学生自备的材料。

（一）揭示课题，激趣导思

师：能量的表现形式有哪些？我们已经知道能量有很多种形式，如风能、机械能、电能、热能等，那么同学们知道我们用得最多的一种能量是什么吗？

生回答。

板书：风能、机械能、电能、热能、动能、势能、生物能、化学能。

师：这节课我们来学习能量的转换。

板书：能量的转换。

评析：温故知新，揭示主题。

（二）探讨电能为我们做什么

1. 提问：同学们家里有哪些家用电器？它们有什么用途？

2. 探讨：每种家用电器都是能量转换器，它们把电能变成了其他形式的能并输出。例如电灯是把电能转化为光能和热能。我们现在用填表的形式来分析一下，各种家用电器输出的是什么能量，有什么作用。

3. 学生分组讨论、填表，教师巡视。

4. 小组交流汇报、小结：每种家用电器都是能量转化器，可以把输入的电能转变成其他形式的能，能为我们做各种各样的事情。

评析：理解概念。教师引导学生根据生活经验，举例、分析家用电器，将丰富的感性认知概括成抽象的科学概念；理解概念是生活还原的基础。

5. 教师引导学生们讨论在日常生活学习中使用的一些其他用电设备，如电动自行车等。它们把输入的电能转化成了什么形式的能，可用于做哪些事？

6. 画图总结：电能可以转换为多种形式的能量，同学们试着用图示来表示吧。

7. 板书：画图。

评析： 情境还原。通过探讨生活中最常见的电能应用，将所学知识运用于新的生活情境中，用概念解释生活现象，让学生认识到电能可以转换为多种形式的能量，从而认识到能量可以转换，且能量转换是经常发生的。

（三）讨论电能是怎么来的

1. 提问：

（1）电能通过各种家用电器能转化成不同形式的能量，那么电能又是怎么来的呢？哪些能量可以通过能量转化器转化成电能呢？

（2）学生先简单说说电能的来源，如电池、发电站等。

（3）教师演示手动电筒。

（4）教师出示记录表，师生一起填写手动电筒的能量转化形式。

2. 分组讨论，记录并完成表格。

3. 全班交流。

4. 教师出示一些图片或实物，简单介绍其他能量是如何转化为电能的。

电池是常见的电源，干电池、蓄电池是把化学能转化成了电能，太阳能电池则是将光能转化成了电能，因此电池是一个能量转化器。各种发电机也是能量转化器，它能把动能转化成电能。发电厂或发电站中的发电机由各种动力带动，例如水电站、风电站、火电站分别是由流水、风以及燃料燃烧引起的动力带动发电机运转而产生电的。因此，利用各种发电机，可以将机械能、化学能、光能等转化为电能。

5. 画图总结：风和流水产生的机械能，煤、油、天然气燃烧产生的热能，以及原子能、太阳能等都可以转化成电能。同学们试着用图示来表示吧。

6. 引导学生认识到，能量之间有的是可以互相转换的，有的是不能互相转换的。

评析： 生活连接。应用生活中常见的图片和实物，化抽象为具象，在抽象概念和生活经验中建立联系，引导学生探讨电能是怎么来的，使学生理解能量之间的相互转化。

（四）探究能量的互相转化

1. 提问：是不是只有电能才能向其他能量转化？

2. 活动一：① 快速搓手，感受手的变化。② 纸风车转动是什么能转化成什么能？同学们还能想到其他能量转换的形式吗？

（1）学生分组实验体验，教师巡视。

（2）交流观察到的现象，并思考为什么会出现这种现象，能量又是如何转化的。

（3）引导学生意识到能量不一定只转化成电能，像上面的快速搓手活动就证明了动能可以转化成热能。

3. 研讨：在日常生活中，同学们还遇到过哪些关于能量转化的例子，分别是怎样转化能量的？

4. 引导学生设计其他的能量转化器，并说说这种能量转化器是如何实现能量转化的。

评析： 迁移应用。分析、设计能量转换器，将能量转换的概念进行迁移运用，用概念解决生活问题。

（五）总结延伸

1. 小结：能量之间可以互相转换，有的能量可以互相转换，有的能量不能互相转换。

2. 任务：寻找生活中更多的关于能量转换的例子，并试着用卡通图的形式画出来。

评析： 站在学生主体位置，将能量转换用趣味的卡通图进行生活还原，在切身体验中由小见大，为学生应用生活概念搭建桥梁，加深学生对能量转换概念的建构。

案例三：《导体和绝缘体》

教学简介

本案例的教学内容为苏教版小学科学四年级上册第四单元《简单电路》的第二课《导体和绝缘体》，主要学习内容为检测不同液体的导电性能。案例围绕学科核心概念"物质的运动与相互作用"组织教学活动，采用实验探究教学法，主要引导学生通过初步探究自来水、纯净水及盐水的导电性，再进一步探究不同浓度盐水的导电性，让学生深入理解导体和绝缘体。科学概念的理解是为了回归到生活中，使学生能够在生活现象和情境中理解概念，从而实现概念的迁移与应用。因此，在最后的拓展应用环节，教师应指导学生将概念应用于生活，让学生理解认识导体和绝缘体对生活中安全用电的重要意义。

学生特点

通过第一课时的学习，学生已经能辨识导体和绝缘体，但在概念认知上却依然存在一定的偏差，学生可能会出现"了解能导电的物体是导体，但无法正确理解导体和绝缘体"的问题，并且学生还未深刻认识到导体和绝缘体对生活中安全用电的重要意义。因此，本课的重点是纠正学生的偏差，正确建立导体和绝缘体的概念，即容易导电的物体是导体，不容易导电的物体是绝缘体，并将概念还原于生活。

教学目标

科学观念：知道自来水是导体，纯净水是绝缘体，盐水是导体。容易导电的物体是导体，不容易导电的物体是绝缘体。

科学思维：能根据检测现象进一步对物体的导电性能进行分类，能基于实验证据，分析发现不同物体的导电性的不同。

探究实践：能利用电流传感器进一步检测，并区分不同盐水的导电性。

态度责任：基于证据发表自己的见解，实事求是，用于修正并完善自己的观点。

教学准备

演示实验：传统检测器、自来水、纯净水、盐水。

分组实验：自来水、盐、纯净水、2 克盐勺、电池、导线、开关、灯泡、多量程电流传感器、数据显示模块。

实验步骤介绍：

1. 导线连接电池、开关、灯泡及电流传感器，制作用于检测物体导电性的检测装置。

2. 在 60 ml 纯净水中依次加入 0.5 勺盐、0.5 勺盐、1 勺盐、1 勺盐，分别观察并检测电路中灯泡的明亮情况及电流数值。

（一）复习导入，挖掘前概念

1. 教师出示系列物件，组织学生辨别导体和绝缘体。

2. 学生通过白板拖拽，并表达判断依据。

师：上节课我们初步认识了常见的导体和绝缘体，这里请同学们给这些物体找找家。

生：塑料尺、木棒、橡胶、瓷勺、玻璃是绝缘体；铝箔、铁钉、铜钥匙是导体。

师：同学们是怎么判断导体和绝缘体的呢？

生：把被检测的物体接入检测器，能使灯亮的物体是导体，不能使灯亮的是绝缘体。

师：导体能让检测器灯亮，那导体是有什么本领吗？

生：能导电（电流通过）。

师：老师听出了同学们判断导体和绝缘体的方法，同时还听出了同学们认为导体和绝缘体跟它们的导电情况有关系。

评析： 复习旧知和方法呈现学生前概念，以便接下来帮助学生进阶式建立概念。

（二）初探物质进阶概念

1. 教师出示任务 1：使用简单电路做检测器，检测盐、自来水、纯净水的导电性。

2. 师生互动探讨实验要求：① 导线两端的金属片不能接触在一起。② 确定电路连接正确再闭合开关观察。③ 测完一种物质后要及时断开开关。④测下一种物质前要用纸巾擦拭两端金属片。

3. 学生演示实验并观察。

4. 师生互动交流发现①：盐、纯净水是绝缘体，自来水是导体。

5. 教师出示任务 2：如果把盐加到纯净水中组合成盐水，盐水是导体还是绝缘体？

6. 学生演示实验并观察。

7. 师生互动交流发现②：盐水是导体。

8. 教师出示问题启发：盐、纯净水和盐水它们的导电性能有什么关系？

9. 师生互动交流发现③：通常情况下，盐、纯净水是绝缘体，把它们混合在一起就变成了导体。

评析： 通过检测并判断盐、纯净水、盐水的导电属性，同时帮助学生发现绝缘体在物质成分发生改变时可能变成导体。给学生在生活安全用电中埋下物体导电性可能会发生变化的种子，为科学概念还原于生活埋下伏笔。

（三）深入探究建构概念

1. 教师出示问题启发思考：刚才的盐水中，如果同样的水，加更多盐接入检测器会有什么情况？加更少的盐又会有什么情况？同学们预测的依据是什么？

2. 学生思考交流。

3. 教师介绍电流传感器。

4. 教师说明实验方法：在 60 ml 纯净水中依次加入 0.5 勺盐、0.5 勺盐、1 勺盐、1 勺盐，分别观察并检测电路中灯泡的明亮情况及电流数值，记录并分析。（教师强调实验要求）

5. 学生分组探究（10 分钟）。

6. 师生互动交流发现，正确建立导体和绝缘体的概念。

评析：充分借助电流传感器将看不见的电流变得看得见，帮助学生顺利纠正对导体和绝缘体前概念的偏差。通过灯泡的明亮变化和数值的呈现，帮助学生树立证据意识，同时深刻感受到盐水的导电能力有强弱之分，以建立导体为容易导电的物体，绝缘体为不容易导电的物体的观念。对稀盐水导电能力的判断引发不同小组的冲突，但却能帮助学生深刻体会到当检测器灯泡不亮的时候，不能轻易判断其为绝缘体，应进一步检测判断。

（四）拓展延伸，强化概念

1. 教师出示资源：喷泉水漏电安全警示。

2. 提问：通过实验我们知道了水是绝缘体，这里的水为什么成了导体？

3. 强调：我们知道纯净水是绝缘体，而生活中没有绝对纯净的水，总是含有杂质，因此说生活中的水是导体。

4. 提问：空气是导体还是绝缘体？理由是什么？

5. 出示资源：变电站的空气层导电。

6. 小结：通常情况下的绝缘体在外部条件改变时，有可能成为导体。因此生活中我们要注意关于电的安全警戒标志。

评析：旨在真实情境应用中进一步巩固概念，同时将科学概念真正还原于生活。本环节选取的资源均来自新闻事件，具有真实性、生活化的特征，让学生在真实案例分析中进一步强化导体和绝缘体的概念，深刻感受绝缘体并不是绝对不导电的，同时强化学生安全用电的意识。

第八章　STEM 跨学科教学

随着科学技术的不断进步，科学技术工程和数学领域的联系越来越密切。在解决实际问题的时候，我们想到的不仅仅是技术、设计和工程，还有设计的科学原理和规律，只有遵循这些原理和规律，才能找到问题的本质。现实生活中需要面对的问题，更多的是综合性问题，而不是单一学科问题。

STEM 在众多孤立的学科中建立一个新的桥梁，为学生提供整体认识世界的机会，把不同领域内学科知识和技能的教与学整合到教学中，使学生学习的零碎知识变成一个互相联系统一的整体，以消除传统教学中各学科知识割裂、不利于学生综合解决实际问题的障碍，是一种跨学科的学习方法。因此，开展 STEM 教学，促进学生跨学科整合的学习，已经成为现代社会的基本需求。

第一节　STEM 的基本内涵

一、STEM

（一）STEM 的含义

STEM 是科学（Science）、技术（Technology）、工程（Engineering）、数学（Mathematics）四门学科英文首字母的缩写，其中科学在于认识世界，解释自然界的客观规律；技术和工程则是在尊重自然规律的基础上改造世界，实现对自然界的控制和利用，解决社会发展过程中遇到的难题；数学则作为技术与工程学科的基础工具。STEM 不仅仅是四个领域简单的相加，更是强调领域的有机融合。它强调以设计和探索为手段，运用科学和数学的思想，在解决实际问题的过程中进行知识的学习。

科学（Science）是指让学生试图理解自然世界，通过收集实证经验，基于证据测试想法，给出合理普适的答案。技术（Technology）是指任何为了满足人类需求而进行的对自然状态的改变或者对世界的改造。数学（Mathematics）试图通过逻辑证明解释模式和关系。工程（Engineering）是指为满足人类需求系统地、反复地设计对象、进程和系统的一种途径。

STEM 教育是以面对真实情境的主题为内容，以解决问题为目的的项目学习；通过运用科学探究与数学应用、工程设计和技术，以有机统一的思想和方法去解决实际问题。学生通过科学探究和设计制作实践，在实践过程中学会运用跨学科的知识和方法去解决问题。STEM 教育的目标就是要培养学生的科学精神和实践创新能力，促进学生全面发展。

（二）STEM 内涵的发展

在实践中，STEM 的内容和内涵得到了拓展和丰富。

最初，STEM 拓展为 STEMC，这里的"C"指"Computer science（计算机科学）"和"Coding（编码）"，因为它们对未来技术的发展而言，的确非常重要。

接下来，STEM 拓展为 STEAM，这里的"A"指"Art（艺术）"，之所以将艺术元素纳入，原因在于任何伟大的创造无不是源自艺术的感知力。

后来，STEM 拓展为 STREAM，有人说这里的"R"代表的是"Robot（机器人）"，因为人类开始迈入了"人工智能"时代，也有人说"R"代表"Reading（阅读）"，因为现在的人必须学会如何阅读。

最后，STEM 拓展为 STEM+，"+"代表着连接，代表着跨界融合，把学生学习到的各学科知识变成有机整体，培养学生的工科思维，也注重学生的艺术素养与人文素养的提升，力图将学生培养成一个"完整的人"。

STEM+ 回归 STEM 的本质，要在众多孤立学科中建立一个新的桥梁，为学生提供整体认识世界的机会。多个领域学科知识和技能的教与学，使学生将零碎的知识变成相互联系和统一的知识结构。

（三）科学、技术、工程与数学的关系

科学在认识世界、探索自然中不断发现新知识、新理论，为工程技术的发展奠定理论基础。技术和工程在改造世界中综合应用科学知识，不断实践、创新，研制新产品，为科学的探索创造条件、提供手段，使以前难以进入调查的领域能够得到研究，进而又促进了科学的深入研究和新的发现。数学在这些过程中默默地承担着载体的任务。虽然它们有着密切的联系，但是区别也是非常明显的。

二、STEM 的兴起与发展

STEM 教育是探索 21 世纪人才培养的一种教育理念与举措，它起源于美国，是美国为了应对未来社会挑战而提出的国家发展战略。1986 年，美国国家科学委员会发表《本科的科学、数学和工程教育》报告，提出"科学、数学、工程和技术教育集成"的建议，强调要"加强大学教育并追求卓越，以使美国下一代成为世界科学和技术领导者"，从此真正拉开了 STEM 教育发展的序幕。STEM 的兴起有两个标志：一是 2013 年发布了美国《新一代科学教育标准》（*Next Generation Science Standards*）；二是 2015 年 10 月 7 日，美国《STEM 教育法（2015 年）》（*STEM Education Act of 2015*）作为一部联邦法正式生效。

（一）美国 STEM 教育的兴起与发展

美国的 STEM 教育先后经历了"STS—STEM—MST—STEAM—创客—STEM 整合"六个阶段。第一阶段，1982 年美国国家科学教师协会通过的关于"科学、技术和社会（STS）"的决议，旨在研究科学、技术、社会三者的相互关系。STS 教育表现出的综合性、开放性、动态性、发展性与建构主义的理论相通，是现代科学教育理论对人类生活的反思。第二阶段，1986 年美国国家科学委员会发表《本科的科学、数学和工程教育》报告，开启了 STEM 教育集成战略的里程碑。第三阶段，1994 年美国纽约州立大学发布的《数学、科学和技术框架》指出，MST 专注于"重新整合"数学、科学和技术，并提出了 MST 大致可以分为 3 种整合模式。第四阶段，1990 年，美国弗吉尼亚理工大学学者 Georgette Yakman 在美国科学基金会上首次提出 STEAM。Georgette Yakman 认为，原有的 STEM 教育只关注项目本身（What & How），而忽略了对人本身和背景的关注（Who & Why），STEM 在跨学科的深度和广度上存在一定的局限性，并在其教学过程中缺乏一定的趣味性、情境性和艺术性。因此，她将艺术（Art）与 STEM 进行有机融合，并在 2006 年提出了 STEAM 教育理念。第五阶段，"创客运动"的起源可以追溯到 2005 年创办的 *MAKE* 杂志。该杂志使用 makerspace.com 作为网址，创客（Maker）和创客空间（MakerSpace）的表述就广泛流传开来，并很快引发了全球的创客热。第六阶段，2011 年，时任美国总统的奥巴马把大学前的 STEM 教育上升到国家战略层面。有教育研究者主张在 STEM 的基础上加入 A（Art）或者 R（Reading）和 W（Writing），使之成为 STEAM 或者 STEM 整合学习。这为 STEM 课程整合注入了新的活力，也成了新的趋势，STEM 的新提法使得艺术与阅读写作的存在更明确。

纵观美国对 STEM 教育的研究可以发现，美国推行 STEM 教育事业，一开始就已将其作为国家层面的战略规划，先后出台多项法律和政府报告，逐渐形成体系化的制度，为 STEM 教育提供了良好的政策环境，保证了 STEM 教育事业的持续推进。在这样的环境下，学校开发出了涉及多个领域的 STEM 课程，力图将课堂与社会热点链接，在真实情境下，为学生提供利用多学科知识解决复杂问题的机会。这样的课堂，多引用基于项目的学习、基于设计的学习等教学方式。研究表明，这样的课程与教学对提升学生高级思维能力，促进知识迁移，提高合作与共情能力，促进理解个人与社会关系大有裨益。而教育评价方面，美国以大数据等技术手段作为教育评价的技术支撑，建立了完善的 STEM 教育评价体系。

（二）中国 STEM 教育的兴起与发展

STEM 教育自 2007 年引入我国，距今已有十多年时间。十多年间，STEM 教育内涵不断扩展与演变，逐渐发展为 STEAM、STEM+ 教育。我国当前研究的关注点主要在以下两大类：一类是对美国 STEM 政策、法律、STEM 和 STEAM 的课程与教学、评价体系的引介与分析；另一类主要包括我国中小学 STEM、STEAM 课程与教学的本土化探索。

在 STEM 教育平台的建设上，上海市最早成立了史坦默国际科学教育研究中心（STEM+ 研究中心）和上海 STEM 云中心。STEM+ 研究中心是由上海市教委核准成立的 STEM 教育专家智库，是上海长周期实证教育研究基地。该中心面向 K-12 学校、教师和学生，提供 STEM+ 项目的课程、教师专业发展培训、学生科技创新能力培养的项目活动以及基于数据的学生能力评价体系和实证研究。

2023 年联合国教育科学文化组织第 42 届大会决议在中国上海设立教科文组织国际 STEM 教育研究所（UNESCO IISTEM），这是教科文组织设立的首个以 STEM 教育为主题的国际研究机构，也是首个落户中国的教科文组织一类中心，同时还是亚洲首个全球性一类机构。

三、STEM 与跨学科教学

STEM 教育内容覆盖科学、技术、工程和数学四个学科领域，项目立足于培养复合型创新人才，提升学生的创造力和实践能力。通过若干主题活动，采用系统的科学研究方法对 STEM 模型进行研究。通过课题研究，我们将结合综合实践课、校本课、课外兴趣活动等开展系列化的课程研究和教学实践活动。通过研究可逐步建立 STEM 项目与学科教学之间的联系，基于多学科互动与整合等教学实践，我们将一方面探索 STEM 对学科教学的促进作用，另一方面逐步推进学生科学、技术、工程教学等多领域学科知识的整合与应用，以达到全面提升学生综合能力的目的。

STEM 之所以具有跨学科的特点，是因为它必须通过基于创新的学科整合的方式来解决生活问题，这一种思维模式对小学科学教学产生了很大的影响。

学科课程和跨学科的课程是互补的，绝对不是谁替代谁的问题。STEM 跨学科的整合，一方面要将分学科的知识按照问题逻辑或者项目逻辑进行跨学科重组，另一方面又要确保设计的问题和项目对所有学科基础性知识结构的全面、均衡覆盖。设计和实施 STEM 跨学科课程时应注意，要在利用课程知识系统性解决实际问题和学生所获得的知识之间保持一定的张力和平衡。

从课程的角度来看，STEM 使参与课程的学生，能够以活动为基础、以项目为基础，能获得基于解决问题学习的内容和获得知识应用实践、知识转化应用实践的课堂体验。学生在应用数学、科学、技术及多学科知识来解决问题的同时，能够进行创造、设计、建构、发现、合作并解决问题。

第二节　STEM 跨学科教学的基本理念

一、STEM 跨学科教学的理念

理念一：跨学科课程整合是课程改革的趋势

我们已经进入"互联网 +"时代，这个时代的特征表现为跨界融合，创新驱动，重塑结构，尊重人性、开放生态，连接一切。科技发展也从高度分化走向高度融合，交叉学科不断涌现，各学科之间在理论层次和方法层次上互相渗透与融合，人类的科学知识形成了一个新的统一知识整体。面对此趋势，必须打破以往只强调分化而忽视综合的局面，跨学科课程的设计与实施成为科学发展的必然要求，跨学科课程整合逐渐成为世界范围内课程改革的重要形态。

课程整合（Curriculum Integration）是 20 世纪 80 年代以来课程设计领域出现的趋势。课程整合是一种组织课程内容的方法，也是一种课程设计的理论，是现代课程改革面对的问题之一。有学者预言，课程整合是 21 世纪课程设计的主流。美国 2011 年颁布的《K-12 科学教育的框架：实践，跨学科概念与核心概念》中提出 6 个跨学科概念，分别是模式，原因和结果（机制和解释），尺度、比例和数量，系统和系统模型，能量和物质（流动、循环和守恒），结构和功能，并详细阐述了其价值和应用。在这种形势下，要求基础教育阶段的课程教学要站在多学科课程整合的视角，了解和探索自然界中多学科之间的互相融合。

跨学科课程整合是围绕一个共同的主题，打破学科界限，把不同学科、不同领域的理论和方法有机地融合在一起，有目的、有计划地设计、组织课程内容和教学活动，以提高学生能力、促进学生全面发展为最终目的的一种课程组织方式和课程设计理论。

理念二：STEM 教育是跨学科整合课程的一种方式

STEM 教育就是一种基于真实情境主题的典型的跨学科课程整合方

式。它从真实情境出发，选择学习主题，提出探究问题和学习任务，以问题解决、任务完成过程作为课程内容的组织中心，运用跨学科知识和方法，使学习者作为研究者直接参与学习活动，通过解决问题和完成任务来进行课程学习。

STEM 教育强调多种学科知识和方法相结合，主要指综合运用科学、工程、技术和数学知识和方法去解决问题，而不是以某一学科知识体系为中心。它是一门跨学科整合的课程，而不是"科技活动"，包括一系列的教学要素。STEM 课程打破了学科知识之间的壁垒，跨越了学科知识和社会知识的鸿沟。学习主题主要源于社会、日常生活和学生自身，学习活动多以围绕主题的事实进行观察、探究为主。

STEM 教育作为跨学科课程整合的一种方式，它的设计与实施是推动教师专业发展的有效途径。课程整合有助于发挥教师的主体作用。教师通过参与 STEM 课程的设计与实施、课程资源的整合与开发、结合学校实际状况对现有课程内容进行二次加工和建构，以及创造性实施等实践活动，将有助于提升教师的专业素养，推动教师由知识的传递者向学习的促进者转变，由经验型教师向研究型教师转变，使教师角色实现根本性的转变。因此，深入研究 STEM 课程教学活动的设计与实施，对促进教师专业发展具有重要意义。

理念三：科学概念的教学需要 STEM 跨学科教学

传统的科学概念教学是以学科为中心的，各学科的基础知识和基本技能是按其自身的逻辑结构形成分科课程的。通过分科课程的学习，学生虽然可以把学科知识基础打得非常扎实，但由于各学科相对孤立，学生接受的是一个个封闭的学科体系教学。这样不仅不利于知识的相互贯通，而且易造成知识僵化、教学远离学生生活和已有经验，严重限制了学生的视野。因受到单一学科的制约，学生判断一些科学现象时缺乏整体性，易形成局部的、割裂的事实判断，难以与社会实际问题相对应，同时也阻碍了学生创新精神、实践能力乃至人格的发展。

跨学科课程整合在一定程度上打破了学科之间的人为界限，探寻不同门类知识的内在联系并将其进行重组，从而把分散在各科之中的"知识点"串联起来，形成了融通一体的"知识树"。它将课程内容与学生经验有机整合，从学习者现有的经验和生活出发，将课程知识尽量回归到它被抽象出来的原来的经验，在学习者已有的经验和未来的经验之间架设桥梁，将学习者现有的经验转变成更广泛、更具社会性的经验，促使学生新、旧经验的整合。

科学概念教学的核心是建构学生的知识结构，并在这个基础上，培养学生的抽象思维能力、逻辑思维能力、实证能力、自主思考能力，发展学生自主获取知识的能力。STEM 跨学科教学不是简单地将多个学科的东西加进来，而是一个知识内化、外化、转化的过程，这是有利于学生对科学概念的理解和建构的。可见，科学概念的教学需要跨学科课程整合。

二、STEM 跨学科教学的意义

STEM 教育就是让学生面对真实情境的问题，通过将科学探究、数学应用、工程设计和技术制作有机统一，运用跨学科的知识和方法来解决实际问题的一种教育方式。在做中学，让学生学会应用跨学科的知识和方法解决问题，提升学生的科学精神和创新实践能力，促进学生的全面发展。

对于小学生来说，学习的核心是建构基本的知识结构，并在此基础上进一步发展动手能力、思考能力、实践能力和创新能力。STEM 跨学科教学以基于解决问题的活动为基础，以基于生活化和社会化的内容为载体，让接受 STEM 课程的小学生在应用科学、数学、技术及多学科知识解决问题的过程中进行创造、设计、建构、发现、合作，从而培养学生的自主学习能力、问题解决能力和实践创新能力。

STEM 跨学科教学对于培养学生的科学精神、实践能力及创新思维具有重要意义。STEM 教育让学生面对真实情境中的问题，运用科学实验、现场观察、社会调查等方法去寻找问题的答案，引导学生学会获取事实数据去说明问题、分析问题，鼓励学生勇于表达观点，提出不同的解决问题的方案，从而培养学生的理性思维。STEM 教育让学生通过科学的工程规划设计、运用有效的技术制作来完成具体的任务，掌握解决实际问题的方法，从而培养学生的实践能力。STEM 教育让学生通过小组合作的方式去解决问题，鼓励学生积极提出不同的意见，让学生充分展示自身的个性化思维和想象能力，从而培养学生的创新思维。

可见，STEM 教育基于立体性融合的理念，努力培养学生良好的批判性思维能力、自主学习力、社会行动力、全球胜任力，促进学生在文化基础、社会参与和自主发展三方面的充分发展。STEM 不仅强调跨学科融合，更注重学科学习与社会、生活的融合，从而培养学生的责任担当、实践创新素养，实现其社会参与的目标。

三、STEM 跨学科教学的模式

（一）STEM 跨学科教学的 5EX 模型

李克东教授提出 STEM 教育 5EX 课程设计模型（如图 8-2-1）。5EX 分别指进入情境与提出问题（Enter and Questions）、探究学习与数学应用（Exploration and Mathematics）、工程设计与技术制作（Engineering and Technology）、知识拓展与创意设计（Expansion and Creativity）、多元评价与学习反思（Evaluation and Reflection）。其中，进入情境与提出问题（EQ）以问题的形式驱动学习；探究学习与数学应用（EM）以及工程设计与技术制作（ET）是主要的学习活动，旨在培养学生的科学思维和实践能力；知识拓展与创意设计（EC）引导学生与社会产生联结，培养学生的创新精神；多元评价与学习反思（ER）对学习活动的效果进行检测。

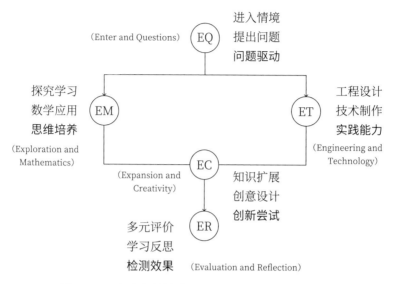

图 8-2-1　李克东教授的 STEM 教育 5EX 课程设计模型

1. 进入情境与提出问题（EQ）

这一阶段让学生进入真实问题情境之中，提出问题和任务，通过问题驱动，以项目学习方式进行主题学习，旨在培养学生的科学精神。进入情境与提出问题的具体活动包括指导学生阅读科普资料，理解有关术语和科学概念；通过展示图片和视频资料介绍科技发展新成就；通过展示或演示实验现象，激发学生头脑风暴，提出问题；通过词汇联系，检测学生对基本概念的理解。

2. 探究学习与数学应用（EM）

这一阶段环绕问题或任务，让学生运用科学探究方法（科学实验、现场观察、调查访问、工具测量等）和数学方法寻求问题解决的途径，旨在培养学生的科学精神。探究学习与数学应用的环节包括创设情境、提出问题→面对问题、作出假设→选择方法、进行探究→收集数据、归类整理→分析数据、形成观点。

3. 工程设计与技术制作（ET）

这一阶段让学生承担任务，通过工程设计并动手制作，完成制品，通过做中学，提升创新实践的能力，旨在培养学生的实践能力。工程设计与技术制作的环节包括确定任务、明确需求→提出方案、画出草图→选好材料、制订计划→动手制作、完成原型→性能测试、改善方案→修改原型、定制作品。

4. 知识拓展与创意设计（EC）

这一阶段让学生走进社会，把知识与社会联系，根据需要提出创意设计，旨在培养学生的创新思维。知识拓展与创意设计引导学生联系社会，利用网络检索与主题相关的社会现象和社会产品，访问相关专业人士，提出创意设想（外形创意、功能创意、制作技术创意……），最终制作创意制品。

5. 多元评价与学习反思（ER）

这一阶段采用多元评价，展示学习成果，分享学习心得，进行学习反思。多元评价与学习反思包括与主题相关的基础知识测验、学习任务完成自我评价、扩展任务完成水平评估、基于反思的自我评价。其中，学习任务完成能力多元评价表格包括规划设计能力评价、技术制作能力评价、资源与时间管理能力评价、团队合作能力评价、成果展示能力评价。

（二）STEM 跨学科教学的 6E 模型

在实践过程中，我们发现很多 STEM 课堂存在"原有模式固化，学习兴趣减弱""课堂用时较久，实施难度增加""科学学科弱化，探究思维不足"等问题。为了充分发挥工程设计与科学探究的作用，在工程设计模式和 5E 模式的基础上进行融合创新，建构了包含"参与、探索、解释、工程、深化、评价"六阶段以及"问题情境、结构材料、概念抽象、工程应用、生活还原、逻辑问题串"六要素的 6E 教学模式，创新了

STEM 课堂的教学模式，提升了学生的学习兴趣，从而促进了学科的有机融合。

1.6E 教学模式的理论依据

STEM 课堂的 6E 教学模式是对探究性教学 5E 模式的继承和创新。5E 模式是美国生物学课程研究（BSCS）开发出的一种基于建构主义的探究式教学模式，共包括五个教学环节，即参与（Engage）、探索（Explore）、解释（Explain）、迁移（Elaborate）和评价（Evaluate）。5E 模式通过这五个环节逐步引导学生在探究活动中自主建构概念，强调学生是学习的主体和活动的中心，教师是学习的指导者和帮助者，最终指向学生对科学概念的理解与构建。

2. 跨学科教学的 6E 模型

为了突出科学与工程在 STEM 教育中相辅相成的关系，在 5E 模式的基础上加入"工程"环节，形成参与（Engage）、探索（Explore）、解释（Explain）、工程（Engineer）、深化（Enrich）、评价（Evaluate）六阶段。在参与阶段，教师创设问题情境，挖掘学生前概念，与学习任务建立联系。在探索阶段，教师提供结构化的材料，引导学生进行自主探究。在解释阶段，教师组织研讨活动，引导学生进行知识建构。在工程阶段，教师引出工程任务，引领学生进行工程制作与测试。在深化阶段，教师拓展并联系实际，引导学生进行迁移和应用。评价则贯穿整节课，对学习活动的过程和结果进行互动性评价。

此外，在六阶段的基础上，创造性地融入探究性课堂的六要素，即问题情境、结构材料、概念抽象、工程应用、生活还原、逻辑问题串，最终建构了 STEM 课堂的"六阶段六要素"6E 教学模式（如图 8-2-2）。其中，问题情境服务于参与阶段，吸引学生参与到 STEM 课堂；结构材料服务于探索阶段，支持学生的探索活动；抽象概念服务于解释阶段，帮助学生理解核心概念；工程应用服务于工程阶段，促进学生的工程设计；生活还原服务于深化阶段，帮助学生建立生活联系；而逻辑问题串服务于整节课，整体上引领学生的思维走向。

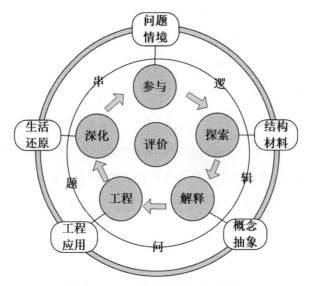

图 8-2-2　6E 教学模式的基本框架

3. 6E 教学模式的创新特点

STEM 课堂 6E 教学模式将科学探究、工程设计、技术运用和数学方法进行无痕整合和有机融合，充分体现 STEM 活动的综合性、实践性和探究性，让 STEM 课堂变得立体而丰盈。在 6E 教学模式指导下的 STEM 课堂将培养学生科学探究能力与提高工程实践能力结合起来，通过创设真实的问题情境、开展自主合作探究、促进解释修正运用、进行分享总结评价等过程实现概念的理解、建构、迁移和应用，从而培养学生的 STEM 核心素养。

（三）STEM 跨学科教学模式的共同要素

由教育部教育管理信息中心、北京师范大学联合北京国信世教信息技术研究院共同撰写的《中国 STEAM 教育发展报告（起点篇）》中提及，从对基于项目的学习、基于设计的学习、以科学探究为导向的 5E 学习环以及多种教学模式交叉整合的混合式教学模式的梳理总结中，进一步凝练整理了这些教学模式所具备的共同要素，主要包括真实情境、关键问题、设计方案、实施方案、改进方案和形成最终成果后交流展示。

1. 真实情境

无论是基于项目的学习、基于设计的学习、以科学探究为导向的 5E 学习环，还是多种教学模式交叉整合的混合式教学模式，都强调了要为学习者营造一个真实的问题情境，以加强所学的知识与技能和真实世界的联系。另外，只有真实情境才具备不确定性和复杂性，才能给予学习者综合应用多学科知识的环境。这与 STEM 教育所强调的面向真实世界的问题解决相契合。

2. 关键问题

对于 STEM 课堂而言，关键问题是一个必不可少的元素，它源于真实世界，主要起到两个方面的作用：一是激发学生的学习兴趣，二是为学生提供探究的方向。对于以培养学生真实问题解决能力和设计创造能力为宗旨的 STEM 教育而言，富有挑战性和真实性的关键问题的生成，起着十分关键的作用。问题，在基于项目的学习过程中称之为驱动问题，在基于设计的学习中会在理解和挑战环节形成并明确，而在以科学探究为导向的 5E 学习环中并没有直接指出要形成问题，但是在探究环节开始前的引入环节，教师必须帮助学生形成一个需要解决的问题以助力后续的探究、解释和迁移等。

3. 设计、实施和改进方案

科学探究和工程设计的项目式学习，是学生学习 STEM 课程的主要学习方式，其中大多数学者都认为工程是 STEM 教育的核心。但是，无论是对于科学探究而言，还是对于工程设计的项目而言，方案的制订都是一个必不可少的环节。它是一个比较具体、详细和可操作的计划，界定了最终的成果是否能够解决真实世界的实际问题。另外，一个可操作、易推广的方案的形成，都需要经历一个设计、实施和改进的过程。

4. 产品交流展示

STEM 教育强调的是面向真实世界的实际问题的解决，因而其课堂教学始终是围绕真实世界的问题解决而展开的，可能是一个需要工程设计的难题，也可能是一个需要科学探究的疑问，而这二者在问题解决的同时，都会形成一个最终的成果。这个成果或产品可以是一个可操作、能推广的方案，也可以是一个根据方案制作形成的产品。在展示交流产品后，吸取他人意见和建议，不断对产品进行反思、改进。

第三节　STEM 跨学科教学的实践过程

STEM 跨学科教学活动的设计与实施，必须明确以下几点：1. 基于真实情境的学习主题；2. 以培养科学精神和跨学科方法为目标；3. 以问题驱动并通过科学探究获得知识；4. 以工程设计并通过技术制作展示成果；5. 鼓励协作学习并关注学生学习全过程；6. 通过学习反思和自我评价检验学习效果。

一、选择 STEM 课程学习主题

STEM 教育是跨学科整合课程的一种方式，其课程的学习主题不同于一般的学科教学。STEM 课程学习主题的教学目标应具有多样性，除了学科知识和学科专项技能外，它还注重跨学科知识技能的学习及跨学科思维的培养。STEM 课程的学习主题还必须具有实践性，学生需要通过"做中学"来训练相关跨学科技能，以实践为依托将知识技能内化和外化。

STEM 课程的学习主题可以从以下几个方面去选择：1. 自然现象或问题的研究，如水资源研究、植被研究、能源研究、环境生命科学研究等；2. 社会问题的研究，如社会或社区的历史变迁、社区文化传统、

地区风土人情的考察与探讨等；3.社会实践的研究，如社会服务活动、社会现象的考察活动、社会公益活动等；4.科学技术与社会的研究，如个人、群体与制度的研究等领域；5.生活学习的研究，如与学生生活能力、适应能力相关联的实践性学习。总之，这些跨学科课程主题的内容要能体现综合性、研究性、生活性和实践性等基本特征，通过对这些主题内容的学习，学生能够发现问题、学习知识和提升能力。

二、确定 STEM 课程教学目标

STEM 课程的总体教学目标是综合运用多门学科知识，在真实问题情境中进行探究式学习，从而培养学生的创新能力、实践能力、探索精神、协作意识和科学素养。学生在教师的引导下，以小组为单位，利用多学科知识和方法，运用多种工具资源进行探索式的学习。通过观察、思考、实践和感悟，掌握分析问题和解决问题的方法；通过真实体验和探索实践，提高动手解决问题的能力，发展勇于探究、主动参与、互帮互助的学习精神。例如，有一个 STEM 课程为《制作雨量器》，其项目教学目标的描述如下：学生通过体验式的学习和探索，了解如何观察天气，以及天气数据有哪些用途；再通过小实验——制作风向标，学会如何测定风向；最后，按照工程设计方案，学会设计制作雨量器并进行雨量测量。这一目标描述就包含了知识和能力、过程和方法、情感态度与价值观等要素。

三、设计 STEM 课程学习活动

STEM 课程学习活动是学生获取知识、认识客观世界的中介。STEM 课程的学习不是简单地将科学、技术、工程、数学等学科知识组合起来，而是让科学、技术、工程、数学等学科知识通过项目学习活动形成连贯的、有组织的课程结构。STEM 教育（课程）强调学生不是直接从书本或教师处获得知识，不是让学生掌握孤立、抽象的学科知识，而是把知识还原于真实生活情境，利用合作和多种资源来构建学习环境，通过完成富有挑战性的项目，让学生体验真实生活，获得社会性成长。

STEM 课程学习活动的设计，就是教师根据教学目标、教学内容、教学情境灵活选择和设计学习活动，让学生通过参与活动进行学习，促进知识的内化，真正提高学生的学习效率，促进学生学习的发生。STEM 课程的学习活动包含多个教学环节，不同的教学环节和程序在安排上有不同的特征，各个教学环节之间有其自身相对固定的活动逻辑步骤和每环节应完成的教学任务。不同环节的活动序列组合自然会形成不同的教学模式。我们可以把学习活动内容分解为：（1）课题导入活动；（2）科学探究活动；（3）数学练习活动；（4）工程设计与技术制作活动；（5）学习扩展与联系社会活动。每一个学习环节，需要设计教师指导活动、设计学生实践活动与学生工作纸、学习资源的支持、器材准备等。

四、提供 STEM 课程学习支架

学习支架是一种支持学生有效学习的方式。它会对学生在不同的学习环节（学习活动）中出现的不同情况给予及时的反馈和帮助，指导学生开展独立探索或协作，调动学生参与的主动性，帮助教师在学生问题解决的过程中设置关键的控制点，规范学生学习，同时也有利于学生反思、深化所学知识。

学习支架的形式和方法有多种。在 STEM 项目学习中，最常用的有活动进程型学习支架，支架提供不同学习环节的进程顺序；有问题研讨型学习支架，支架提供在某一个学习环节中提出问题和开展研讨的活动方式；也有实验探讨型学习支架，支架提供在某一个学习环节中，如实验操作步骤、实验现象观察、实验数据获取等方法。

五、形成 STEM 课程学习评价

由于 STEM 课程目标的多元性以及 STEM 学习活动的复杂性，

STEM 课程的学习评价是将过程性评价和总结性评价相结合，综合运用多种方法进行评价，典型的有观察记录、量规评价、汇报展示等方式。在运用这些具体方法时，应根据课程主题以及课程实施的实际情况，选择和开发相应的评价工具。常见的有协作学习评价表、问题解决能力评价量表、STEM 作品评价量规等。

STEM 教育的评价应以过程性评价为主，总结性评价为辅，并采用多元评价对象，即教师、社会专家学者和学生均参与评价，主要是对学生的创造意识、问题解决能力和创造能力进行评估。过程性评价方面，教师和社会专家主要评估学生在学习过程中表现出的 STEM 素养、实践能力和探究意识，具体可以采用视频行为采集、过程记录表、在线学习行为记录、随堂测试等方式。学生互评主要是对同伴在学习过程中的表现进行评价，如参与度、积极性等，促使同学之间互相鼓励。学生自评主要是对自己的表现情况进行评价，如利用 PMIQ 表对学习情况进行反思。总结性评价方面，在教学活动结束之后，教师和学生对学习效果进行检验，看是否达到预期效果。在这里需要强调，评价不是目的，只是一种手段，STEM 教育的真正目的是让学生体验真实情境中探究学习的过程，以达到热爱学习、热爱生活的实质目标。

六、准备教学工具与教学资源

教学工具与教学资源是开展 STEM 项目学习的必要保障。教学工具分为硬件工具和软件工具，硬件工具包括日常五金工具、数字电路板、传感器、3D 打印机等设备；软件工具包括与项目相关的带彩图的文字资料、视频资料、可视化编程工具、概念图工具、可视化图谱、3D 建模工具等。教学资源不仅包括网络平台、微视频、导学手册、练习册等，还包括校内教师、校外专家等资源。

此外，根据项目的内容，设计学生活动指导材料，包括实验操作指南，社会参观、调查活动指南。设计学生学习工作纸，包括各种学生活动记录表，如测量数据记录、问题思考表述、问题探究过程记录、工程设计表格、制作过程记录，以及学生自主学习反思与评价表格。

第四节　STEM 跨学科教学的实践案例

案例一：《做一块手工皂》

课程背景

本案例为苏教版小学科学三年级上册专项学习"像工程师那样……"的 STEM 专项学习活动。

肥皂是学生生活中最常见的生活物品。教师提出"制作一块添加剂少的手工皂"的任务，让学生明确自己要解决的问题，在前期研究的基础上提出各种设想，进行仔细斟酌、反复比较，选择出解决问题的最佳方案，并通过设计草图呈现设计方案。之后，学生依据设计方案制作模型，并通过反复的测试进行改进。最后，向同伴展示分享自己的产品。这样，让学生像工程师一样，经历一个完整的工程活动过程。

课程领域

科学、技术、工程、数学、艺术。

课程目标

S：知道肥皂的功能，了解皂基的清洁作用。

T：初步掌握制作肥皂的加热、搅拌、冷却、去泡、脱模技术。

E：经历较为完整的解决工程任务过程。

M：测量皂基溶液的体积。

A：兼顾肥皂的保养性、颜色、气味的怡人性、造型的美观性和新颖性。

建议年级

三年级。

建议时间

120 分钟。

（一）明确问题

1. 创设情境：小美想去超市购买一块有保养功能、少添加剂的肥皂，但是市场上的肥皂都是或多或少有添加剂的，同学们能否制作一块少添加剂的手工皂？

2. 明确需求：具有保养功能，少用添加剂。

3. 提出工程任务：制作一块具有保养功能且少用添加剂的手工皂。

（二）前期研究

1. 查阅资料：了解制作手工皂需要的主要原料和制作过程。

2. 阅读资料：了解皂基的特点和作用。

3. 讨论交流：添加什么原料能使肥皂具有滋养功能。

（三）设计方案

1. 头脑风暴：思考制作手工皂需要考虑的因素（功能、原料、颜色、气味、造型等）。

2. 设计方案：小组讨论，从材料及其作用、制作方法等方面来设计方案。

3. 小组分工合作，准备材料。

（四）制作模型

1. 根据设计方案取用所需量的皂基，用水浴法溶化，加入。

2. 根据设计方案加入配料，搅拌均匀。

3. 入模，用刀刮平手工皂表面，去除表面气泡。

4. 静置冷却，脱模，得到手工皂产品。

（五）测试改进

1. 从软硬程度、滋润程度、颜色、气味等方面评价手工皂作品。

2. 评价本组的手工皂。

3. 根据评价提出具体的改进方法。

（六）展示交流

1. 向其他小组展示自己的手工皂，介绍手工皂的特点。

2. 展示全班所有小组的手工皂，选出最佳手工皂。

3. 交流汇报制作手工皂的心得和体会。

（七）评价量规

表 8-4-1　《做一块手工皂》教学评价量规

设计方案	小组合作	项目成果	汇报展示	项目分数
设计方案不完整	小组分工不明确	未完成手工皂作品	只有一人分享，思路不清晰，语言组织不流畅	1分
设计方案较完整，但思路不清晰	小组有分工，但合作过程不够顺畅	完成了手工皂作品，但手工皂的颜色、气味、外观不佳	只有一人分享，思路较清晰，语言组织良好	2分
设计方案完整且思路清晰	小组分工明确，合作流畅且高效	完成了手工皂作品，且手工皂的颜色、气味、外观较好	小组成员都能积极分享心得，思路清晰，语言组织流畅	3分

案例二：《自制指南针》

课程背景

本案例为跨学科项目课程之一，教学内容为苏教版二年级下册第二单元《玩磁铁》的第三课。磁是自然界常见且非常重要的现象，是能量的一种表现形式。本单元共有 3 课，采用递进式先分后总的安排。单元前两课《磁铁的吸力》和《磁铁的两极》，旨在唤起学生的前概念认知，以"玩中学"的形式引导学生系统认识磁铁的性质。在此基础上，单元最后一课为《自制指南针》，让学生学以致用，动手设计制作一个指南针，体验工程和技术产品可以改变人们的生活。基于此，我们重整单元内容，以解决现实生活中的真实问题导入，明确任务，在头脑风暴中探究磁铁的性能，指向问题解决的设计、制作与评价。

本项目以培养学生学科综合能力为目标，尤其重视知能的理解与迁移，旨在强化学生动手能力和创新思维的培养。

课程领域

科学、技术、工程、数学。

课程目标

S：知道常见磁铁的形状；磁铁能吸铁和镍，能隔空、隔物吸铁；磁铁的磁极吸力最大，同极相斥和异极相吸；指南针中的小磁铁磁极能指示南北。

T：磁化铁质物质为小磁针。

E：依据已有的材料和工具，用文字或图示的方式设计实施方案；利用已有的材料和工具，制作指南针模型，评价优化，并进行迭代设计。

M：地理方位的确认，如上北下南左西右东；在实践中分析磁化钢针时摩擦次数的要求，得出优化数据。

建议年级

二年级。

建议时间

5课时。

第一课时

1.创设情境：班级组织观看演出，要求大家在闽南神韵的西门集合，同学们如何确定自己的位置正确呢？

2.发现问题：同学们能借助哪些科学方法进行判断？

3.明确任务：自制指南针。

4.头脑风暴：

（1）问题：关于指南针，同学们都知道些什么？指南针由哪几部分构成？

（2）思考：指南针指南的原理。

第二课时

1.科学探究：认识磁铁的性质。

（1）学生活动：用磁铁吸物（小海绵块、回形针等物体）。

（2）图文描述观察到的现象。

2.交流讨论：根据现象分析磁铁的性质。

第三课时

1.设计指南针：小组讨论，选择合适的材料，画出设计图。

2.制作指南针：小组分工合作，完成指南针的制作。

3.测试指南针：测试指南针的效果，进行小组及组间评价。

第四课时

1.迭代设计。

（1）思考：如何改进小组的指南针？

（2）要求：依据不同情境（即不同材料与工具），调整材料的组合方式（如细线和条形小磁铁；水、泡沫块和条形小磁铁；钢针、小泡沫块和小磁铁；细线和环形磁铁；细线和磁性校徽），设计指南针。

2. 改进制作指南针。

第五课时

1. 小组展示作品并交流。

2. 小组自评。

评价量规

表 8-4-2 　《自制指南针》教学评价量规

评价项目	具体评价标准			自评	互评	师评
	1分	3分	5分			
科学原理的表达	能准确描述磁铁的1种性质	能准确描述磁铁的2种性质	能准确描述磁铁的3种及以上性质			
理解、迁移能力	粗略理解指南针的构造及原理，制作1种类型的指南针	基本理解指南针的构造及原理，制作2种类型的指南针	理解指南针的构造及原理，制作3种及以上类型的指南针			
实践成果	自制简易指南针，指南针基本能够指示南北	能较好地完成指南针的制作，指南针能够较准确地指示南北	制作水平高，指南针能够灵活转动，且能够准确地指示南北			
成果展示	声音较小，演讲内容没有条理	声音较大，演讲内容逻辑清晰	声音洪亮，与观众有眼神交流，演讲内容能吸引人			

续　表

评价项目	具体评价标准			自评	互评	师评
	1分	3分	5分			
小组合作	由少数组员完成工作	所有组员都有参与，但是分工不明确	分工合理明确，合作有序，有数据记录			
学习态度	不专注，总是分心，遇到困难容易放弃	大多数时候保持专注的态度，遇到困难试图努力，但是努力时间短，试验次数少	全程保持专注，热情投入。面对困难，努力挑战，直到成功			
总分						

案例三：《设计桥梁》STEM 项目的校本化

（一）培生项目简介

培生 STEM 项目依托培生全球领先的优质资源和服务，以项目式主题探究活动为基础，以学生为中心，以科学探究方法与工程设计方法为主线，融入科学、技术与数学的知识，让学生有机会运用跨学科知识来解决生活中的实际问题，提升学生的创新能力、分析问题与解决问题的能力。

思明区第二期智慧校园培生引进北京 STEM 项目，借助北京培生的优质资源和服务，推进区域 STEM 项目的研究与实践。我校成为思明区第二期智慧校园培生引进北京 STEM 项目的试验学校，并成为 STEM 项目协作圈的组长校，组织协调和统筹引领合作校的 STEM 项目推进工作。我校合作圈共有"设计桥梁""设计环保清洁剂""设计再生纸"

三个培生项目，这为 STEM 项目的探索与实践研究提供了充足可靠的优质资源保障。

通过对培生《设计桥梁》STEM 项目教材进行分析与解读，我们发现这套教材体系较为完善，无论是课题环节的模块化处理，还是教学活动的设计，或是时间分配方面的指导，都能给我们一定的参考和借鉴。同时，他们提供了配套的教师用书、学生用书、工具箱和数字化资源等一套相对完整的课程资源，是对国内 STEM 教材和资源匮乏现状的一个很好的补充。此外，培生《设计桥梁》STEM 项目主题教学注重对学生科普阅读与写作的训练与指导，通过情景资料的搜索、阅读与整理，以及词汇练习、设计图、方案等书面写作与表达，将艺术（Art）、阅读（Reading）、写作（Writing）很好地融入 STEM 活动中，让不同领域与学科有机融合，实现 STEM+ 教育，促进学生的全面发展。

不过，培生教材是一套美国的 STEM 教材，是基于美国国情和学生特点开发的，是按照美国思维习惯编排的，具有鲜明的美国特色。作为舶来品，当我们把它拿到中国来使用时，必然会出现"水土不服"的现象，让我们感到无所适从。例如，《设计桥梁》教材中标明其适用于四至六年级的学生，横跨三个年级，但是这三个年级的学生年龄特征和认知水平的差异性还是比较大的，我们在实践时到底面向哪个年级的学生，需要自己进行更为细致的考究。又如，这套教材设计了"数学练习：使用厘米和分米"的活动，我国小学生在二年级的时候就已经掌握了"用厘米和分米作单位量长度"，因此，在具体实践过程中，我们需要对这一活动进行取舍或者重新设计。

总体上，由于国家地域特点、学生认知水平、表述方式与习惯等方面的差异，在国内培生 STEM 教材的可操作性、可行性和可读性不高。因此，我们非常迫切地需要运用"拿来主义"，勇于吸收优秀的教育思想，同时也要结合我国国情和学生的特点，批判性地接纳国外的 STEM

课程，积极探索 STEM 教育的本土化，尽一切可能研制适合我国学生发展的校本化教材。

（二）《设计桥梁》STEM 项目的校本化

我们建构了《设计桥梁》STEM 校本课程的实施框架，如图 8-4-1 所示。《设计桥梁》STEM 校本课程包括 3 个教学模块：问题引入活动模块、背景经验活动模块和解决问题活动模块。3 个模块共 11 个活动，包括 1 个问题引入活动，7 个背景经验活动，3 个解决问题活动。问题引入活动和背景经验活动可以帮助学生思考、理解解决一个真实问题需要具备哪些学科知识，并开展真实的学习。学习产生的知识和经验，将帮助学生重新思考需要解决的问题和如何设计解决方案，促使学生在解决问题的环节自主完成学科知识的学习和运用，以达成 STEM 教育的整体目标。

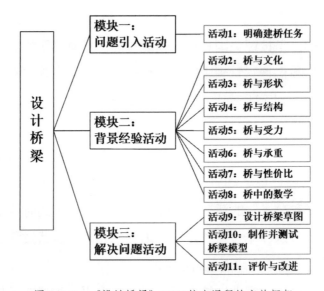

图 8-4-1 《设计桥梁》STEM 校本课程的实施框架

建设桥梁是一个复杂性的综合问题，既包含受力平衡、结构与稳定性、形状与承重力等方面的科学问题，又包含如何改变材料的形状来提高承重能力等技术问题，也包含综合考虑多种因素、设计草图、制作模型、测试性能等工程问题，还包含比例、曲线规律、成本计算等数学问题。在设计《设计桥梁》STEM 校本课程的教学活动时，需要考虑如何以一种符合小学生年龄特征和认知规律的方式组织教学，从而激发学生的学习兴趣和社会责任感，提高学生的实践和创新能力，培养学生的计算思维、工程思维和创新思维。

《设计桥梁》STEM 校本课程的教学活动和设计思路见表 8-4-3。在教学过程中，"问题引入活动"部分创设情境，明确建桥任务，引导学生进行头脑风暴，意识到完成一个建桥任务需要综合考虑多种因素，同时认识到需要运用"力与运动"相关的知识和原理来完成建桥任务。"背景经验活动"部分涉及桥的历史、作用、种类、受力分析、承重能力、材料结构、性价比和数学规律等内容，引导学生进行知识建构，围绕力学的"大概念"开展教学，利用科学探究的方法进行学习。"问题解决活动"部分在建立了基本的科学与技术知识之后，帮助学生重新思考、设计和绘制设计图，依据设计图制作桥梁模型，测试和改进产品，最后展示学习过程并进行交流评价。该部分体现了工程过程的基本要点，促进学生学习与工程设计相关的知识并解决实际问题，从而获得对工程设计基本概念的理解。

表 8-4-3　《设计桥梁》STEM 校本课程的教学活动和设计思路

教学模块	教学活动	活动设计思路	活动时长
问题引入活动	活动 1：明确建桥任务	创设情境，引入建桥任务，明确需求	20 分钟
背景经验活动	活动 2：桥与文化	阅读桥的发展史，体会桥梁的重要作用	30 分钟

续　表

教学模块	教学活动	活动设计思路	活动时长
	活动3：桥与形状	观察各种各样的桥，认识四种不同形状的桥梁	40分钟
	活动4：桥与结构	认识桥梁的基本结构，了解与桥梁有关的基本术语	30分钟
	活动5：桥与受力	对桥梁进行受力分析，认识桥的受力平衡	40分钟
	活动6：桥与承重	用实验的方法测量并比较梁式桥和拱形桥的承重能力	40分钟
	活动7：桥与性价比	学习桥梁性价比的计算方法，测试并比较梁式桥和拱形桥的性价比	60分钟
	活动8：桥中的数学	改变桥面结构，测试不同结构桥面的承受力，收集数据，绘制曲线图，寻找规律	60分钟
问题解决活动	活动9：设计桥梁草图	复述工程问题，设计桥梁草图	60分钟
	活动10：制作并测试桥梁模型	制作桥梁模型，测试桥梁模型承重能力，计算性价比	90分钟
	活动11：评价与改进	从多方面来评估桥梁模型，提出改进方案	60分钟

问题引入活动：

活动1：明确建桥任务。活动时长20分钟。思考完成一个建桥梁任务需要考虑哪些问题，通过头脑风暴的方式，确定需求，明确任务。

背景经验活动：

活动 2：桥与文化。活动时长 30 分钟。寻找国画中的桥，并阅读桥的发展历史，认识并体会桥在人类文明和经济发展中的重要意义和作用。

活动 3：桥与形状。活动时长 40 分钟。观看古今中外各种各样的桥，借助桥梁图片按一定标准对桥梁进行分类，聚焦四种不同形状的桥梁（梁式桥、拱形桥、斜拉桥、悬索桥）的名称及其特点。

活动 4：桥与结构。活动时长 30 分钟。认识桥梁的基本结构，了解与桥梁有关的基本专业术语（桥台、桥面、桥跨、桥宽、桥墩、桥拱、横梁等）。

活动 5：桥与受力。活动时长 40 分钟。分别对梁式桥、拱形桥的受力情况进行分析，认识力的作用点、大小、方向，了解桥的受力平衡原理。

活动 6：桥与承重。活动时长 40 分钟。学习衡量桥面承重能力的方法，即将桥面下降 1 厘米时所承载重物的质量作为衡量桥的承重能力的标尺。用实验的方法测量梁式桥和拱形桥的承重能力。

活动 7：桥与性价比。活动时长 60 分钟。学习计算桥梁性价比的方法，即桥承载重物的质量 ÷ 桥的质量 = 桥的性价比。用实验的方法比较梁式桥和拱形桥的性价比。

活动 8：桥中的数学。活动时长 60 分钟。收集数据，绘制成曲线图，发现变化规律，找到最佳值，体会最优值的意义，进而培养学生的计算思维。

解决问题活动：

活动 9：设计桥梁草图。活动时长 60 分钟。复述工程问题，按比例确定桥梁模型的尺寸，综合所学设计桥梁草图，交流汇报设计图。

活动 10：制作并测试桥梁模型。活动时长 90 分钟。根据设计草图，制作桥梁模型，并测试桥梁模型的性价比，改进桥梁模型。

活动 11：展示与评价学习过程。活动时长 60 分钟。制作《设计桥梁》学习海报，展示解决工程任务的学习过程，根据评价量表对学习过程进行学生自评和教师评价。

（三）《设计桥梁》STEM 校本教材

如何根据学校特色和学生特点对引入的 STEM 项目进行二次开发，使 STEM 课程校本化，形成具有吸引力、启发性、创造性的小学 STEM 课程，是一项极为重要和极具意义的工作。

立足课题研究，课题组成员在相互合作与借鉴的基础上对引进的 STEM 项目进行二次开发，结合区域特色和学校特点，进行本土化实践，编写校本教材。《设计桥梁》STEM 校本教材的 12 课时的具体内容分别是《我们身边的桥梁》《你更喜欢哪种桥》《拱形的桥》《桥面的结构》《桥墩的形状》《做纸桥》《钢缆的学问》《瓦楞纸的学问》《桥基的学问》《桥梁材料》《桥梁技术》《小小桥梁工程师》。

第九章　STEM 校本化学科融合教学

第一节　STEM 校本化学科融合的基本内涵

一、STEM 校本化学科融合的含义

学科融合在承认学科差异的基础上不断打破学科边界，促进学科间的相互渗透、交叉与融合。工业革命后，教育进入分科教学形式，一定程度上导致了知识的隔离与割裂。然而现在的信息时代又迫使教育继续进行"学科融合"，因为知识本身是没有界限的。现在教育提倡进行学科融合式的项目式学习，综合运用科学、技术、工程、数学、美术、音乐、语文等多个学科的知识与方法。学科融合有助于学生进行知识的分析和创造，建构知识链接，全面把握知识，提升学生的学习品质。可以说，学科融合既是学科发展的趋势，也是产生创新成果的重要途径。

STEM 是一种综合运用各学科的知识和方法解决实际问题的教育"方式""理念"和"思想"，对于培养学生创造性的问题解决能力、批判思维能力和交流合作能力等"软技能"具有重要意义。

二、STEM 校本化学科融合的现实困境

STEM 教育作为舶来品，要在我国扎根生长必然会遭遇本土性的现实问题。

开发 STEM 校本课程比开发其他课程更为艰辛，目前 STEM 课程的

校本化之路面临着以下几个困境：一是缺乏优秀的本土化案例。STEM 案例应体现出区域或学校特色，需满足学生的特点和需求，但是目前的 STEM 课程案例，大部分直接来自或参考美国课程，可供借鉴参考的本土化优秀案例不多。二是缺乏"全科人才"师资队伍。STEM 教育要求教师精通多门学科知识内容与教学方法，但目前拥有综合素养的教师数量不多，不同学科教师间的合作也不足。三是缺乏学科的有机融合。STEM 课程本身就是一门融合课程，需要学生综合运用多门学科的知识、方法与思维来解决现实问题，但目前 STEM 教学仍大多停留于学科的叠加拼凑，并未实现真正的有机融合。

有关调研结果表明，区域和学校在推进 STEM 教育时，遇到的关键障碍之一就是优质的 STEM 课程资源不足。有条件的区域、学校会引进国外 STEM 课程资源，或进行自主开发，但仍存在课程资源总量不足、难以本土化和本校化等问题。从国外引进的课程资源水土不服，本土教师或者课程开发人员对 STEM 教育的理解参差不齐，致使很难看到优秀的 STEM 课程资源。

学校需要立足本校实际情况，整合学科资源，打破学科壁垒，融通学科教师，开发跨学科 STEM 课程，开展基于主题或项目的学科融合教学，真正发挥 STEM 教育在培养创新人才方面的作用。

第二节　STEM 校本化学科融合的策略

STEM 不仅仅是四个领域简单的相加，更是这四个领域的有机融合。科学的发展依托技术、数学和工程，而工程又依靠科学的发现、数学的应用和技术工具的使用，四者相辅相成。在 STEM 课程的校本化实践中，我们在"实践—总结—实践"的过程中提出了一种行之有效的学科融合策略，即 STEM 校本化学科融合的"+1"策略。

一、STEM 校本化学科融合"+1"策略的基本含义

STEM 把各学科知识变成有机整体，培养学生综合运用各学科知识的思维能力，同时注重学生艺术素养与人文素养的提升，力图将学生培养成一个完整的人。STEM 虽然融合了多个学科，强调不同学科之间的有机融合，但在具体实施过程中，STEM 教学并不是每个学科平均用力，而是有主次之分的。

学科融合的"+1"策略是 STEM 校本化过程中实施跨学科、融学科教学的一种教学策略。在具体操作过程中，通常以一个学科为基础，再融合另一个学科的知识、方法与思维，使得两个融合学科之间相互影响和相互促进。

二、STEM 校本化学科融合"+1"策略的实践要素

（一）一个主题

STEM 是一个跨学科的概念，在 STEM 校本化的研究过程中往往表现为一种教育理念。"+1"则是一种实操方法和教学策略，每次 +1 都会产生一个新的研究主题，在跨学科主题学习活动中，促进学科核心概念上升为跨学科概念，真正实现不同学科的相互影响和相互促进。

科学课教学中有个关于"一英寸宽、一英里深"的说法，指的是知识点不宜多，一节课以一个知识点为宜，但只要学生愿意，研究可以深入些。有的教师认为 STEM 好像反过来了，需要"一英里宽、一英寸深"。其实，这种想法是不对的。学科融合加深了知识的内涵，扩展了学生的知识面，落实在每节课的具体研究点位上，仍然是以只做一个研究点位为宜。简而言之，不管是"融"或者"跨"学科，仍然是以一个研究主题为主的，不可能同时进行两个主题的研究。

（二）一个任务

任务是对主题的进一步聚焦和细化。在确定了学习主题后，接下来

需要做的事情就是设计一个具有挑战性的学习任务，引领学生在明确任务、分析任务、解决任务的过程中，综合应用不同学科的知识、方法与思维，理解学科核心概念和跨学科概念，提高探究实践能力和问题解决能力，培养批判思维和创新思维。

任务的设计需要围绕学习目标，结合学习内容的特点，考虑学生的学习基础，遵循学生的学习兴趣，充分体现任务的挑战性、实践性、开放性和进阶性。挑战性任务可以是由核心任务与子任务构成的任务群。在任务群中，核心任务是整节课的大任务，子任务是对核心任务的分解，核心任务统领子任务，子任务推进核心任务。学生在完成一个个子任务的过程中逐步推进大任务的解决，从而实现"小步快走""跳一跳摘到果子"的目标。

（三）一个小时

基于跨学科主题的 STEM 教学需要多长的教学时间，这是需要仔细考量的。小学阶段一节课的时间为 40 分钟，这个时间对于 STEM 学科融合教学来说是明显不够用的。如果两节课连着上则将近 90 分钟，大大超出了小学生注意力集中的时限。在实践研究过程中，教师积极寻求学生注意力和 STEM 教学活动之间的平衡。

实践表明，一节 STEM 课堂的教学时间定为 1 个小时为宜，既能够满足开展一个完整的跨学科主题学习活动的时间需求，确保学习活动的连贯性和趣味性，又能够兼顾小学生的年龄特征和心理特点，保持学生的有效注意力和学习兴趣。

三、STEM 校本化学科融合"+1"策略的实施路径

STEM 校本化学科融合"+1"策略的实施路径如图 9-2-1 所示，包括课程标准、跨学科概念、学科核心概念、跨学科主题、项目设计与实施、项目展示、评价反思七个实施要点。在具体实施过程中，教师首先

需要解读课程标准，基于课程标准确定跨学科概念与学科核心概念，明确跨学科主题；接下来聚焦项目任务，制定项目目标，设计项目方案，实施具体活动；最后再展示交流项目成果并进行评价反思。在学科融合"+1"策略的实施内容中，实现跨学科融合教学，促进深度学习的发生，提升学生的综合素养。

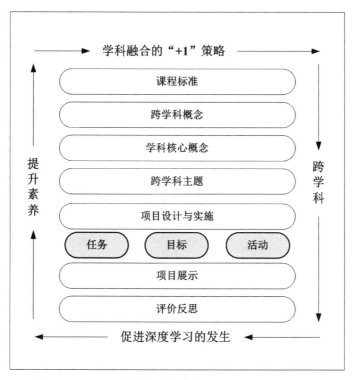

图 9-2-1　STEM 校本化学科融合"+1"策略的实施路径

第三节　STEM 校本化学科融合的实践过程

一、小学科学教材的 STEM 特色

《义务教学小学科学课程标准（2017 版）》新增技术与工程领域，倡导跨学科学习方式，鼓励教师尝试 STEM 教学活动，将科学、技术、

工程、数学有机地融为一体，从而培养学生的创新能力。在课程标准的指导下，新编苏教版小学科学教材（以下简称新编教材）将技术与工程领域作为教材编写的重点之一，基于翔实的基础研究、精心的策划编撰和反复的实践检验，形成了一至六年级技术与工程领域的教材内容总体架构，无论是从内容上，还是形式上，都耳目一新。

新编教材基于小学生的认知特点，抓住最基本的问题，引导学生了解技术是怎么产生的，技术有什么作用；引导学生知道工程是什么，怎样像工程师那样做工程设计。新编教材的 STEM 的两个特征：一是专门设置了技术与工程领域的专项学习，在每个年级上册教材的最后一个单元进行 STEM 的专项学习；二是在物质科学、生命科学、地球与宇宙科学领域中渗透 STEM 教育，以主题活动或拓展活动的形式开展 STEM 学习活动。

二、小学科学教材中的 STEM 专项学习

新编苏教版已更新使用，每个年级的上册最后一个板块是"像工程师那样……"的专项学习。学生通过不同 STEM 学习主题的学习，学着工程师的样子进行设计制作，解决实际问题。新编苏教版小学科学教材 STEM 专项学习内容，见表 9-3-1。从一年级至四年级，STEM 主题依次为设计小车、设计风向标、制作手工皂、制作 LED 手环，活动主题与生活密切联系，能够充分激发学生的学习兴趣。STEM 主题教学的基本环节体现了进阶性，一、二年级包含"问题—设计—展示"三个环节，三、四年级包括"明确问题—前期研究—设计方案—制作模型—测试改进—展示交流"六个环节，随着学生年龄水平的增长，活动环节逐步增加，具体要求逐步提高。

表 9-3-1　新编苏教版小学科学教材 STEM 专项学习内容

年级	专项学习	STEM 主题	基本环节
一年级上册	像工程师那样……	设计小车	问题—设计—展示
二年级上册	像工程师那样……	设计风向标	问题—设计—展示
三年级上册	像工程师那样……	制作手工皂	明确问题—前期研究—设计方案—制作模型—测试改进—展示交流
四年级上册	像工程师那样……	制作 LED 手环	明确问题—前期研究—设计方案—制作模型—测试改进—展示交流
五年级上册	像工程师那样……	制作降落伞	明确问题—前期研究—设计方案—制作模型—测试改进—展示交流
六年级上册	像工程师那样……	制作蒸汽小船	明确问题—前期研究—设计方案—制作模型—测试改进—展示交流

"像工程师那样……"聚焦于技术与工程领域的学习，可以使学生有机会综合所学的各方面知识，亲历研究、设计、建造的全过程，体验科学技术对个人生活和社会发展的影响。

三、小学科学教材中的 STEM 学习活动

新编苏教版小学科学在物质科学、生命科学、地球与宇宙科学领域教材内容里也渗透了技术与工程领域的相关内容，以一个课题或一个

活动环节的形式融入 STEM 学习活动（见表 9-3-2）。例如，一年级上册"小小工程师"、二年级下册"自制指南针"（其以一个完整的课题来开展 STEM 学习活动）、三年级上册"把盐放到水里"、三年级上册"制作简易肺活量计"、三年级下册"自制乐器"、三年级下册"自制雨量器"、三年级下册"自制风向风力计"、四年级上册"自制投石机"、四年级上册"造一艘纸船"……这些课题中的某些环节，都可以设计为 STEM 拓展活动。

表 9-3-2　新编苏教版小学科学教材 STEM 学习活动

年级	单元	课题	STEM 活动
一年级上册	第一单元　走进科学	小小工程师	做一个铅笔加长器
二年级下册	第二单元　玩磁铁	自制指南针	自制一个指南针
二年级下册	第四单元　打开工具箱	做个小温室	做个简单的小温室
三年级上册	第三单元　固体和液体	把盐放到水里	制作简易净水器
三年级上册	第五单元　人的呼吸和消化	运动和呼吸	制作简易肺活量计
三年级下册	第三单元　声音的奥秘	不同的声音	自制乐器
三年级下册	第五单元　观测天气	云量和雨量	自制雨量器
三年级下册	第五单元　观测天气	风向和风力	自制风向风力计
四年级上册	第三单元　常见的力	弹力	自制投石机

年级	单元	课题	STEM 活动
四年级上册	第三单元　常见的力	浮力	造一艘纸船
五年级上册	第二单元　热传递	物体的传热本领	设计并制作一个保温盒
五年级下册	STEM 学习	立体小菜园	设计并制作立体小菜园

穿插在物质科学、生命科学、地球与宇宙科学领域的 STEM 学习活动，更加强调 STEM 教育的跨学科性，增加了 STEM 学习的机会，拓展了 STEM 学习的内容，丰富了 STEM 学习的形式，使学生体会到"做"的成功和乐趣，并养成通过"动手做"解决问题的习惯。

第四节　STEM 校本化学科融合的实践案例

在 STEM 教育中，科学是基础，科学引领工程与技术。因此，STEM 校本化学科融合的实践过程中，课题组以"科学"学科为基础，每次融入一个其他的学科，探索实践了"科学＋数学""科学＋语文""科学＋音乐""科学＋美术""科学＋化学"五个 STEM 校本化的学科融合案例。其中，"科学＋数学"融合的代表性案例为《造一艘小船》，主要培养了学生的计算思维；"科学＋语文"融合的代表性案例为《假如赵州桥会说话》，主要培养了学生的思辨思维；"科学＋音乐"融合的代表性案例为《不同的声音》，主要解决了科学难教课的问题；"科学＋美术"融合的代表性案例为《造一张美丽的纸》，主要培养了学生的审美情趣；"科学＋化学"融合的代表性案例为《藏在水里的小秘密》，主要促进了中小学的有效衔接。

案例一：《造一艘小船》

"科学 + 数学"学科融合主题的代表性案例是《造一艘小船》，该案例来自苏教版小学科学四年级上册"浮力"一课的拓展环节"想办法让一张 A4 纸承载更多的硬币"。本案例涉及的跨学科概念为"结构与功能"，对应的学科核心概念为"工程设计与物化"，教学过程如图 9-4-1 所示。聚焦核心任务"用纸做一艘承重能力尽可能大的小船"，引领学生小组合作用一张 15 厘米 ×15 厘米的纸制作一艘承载能力尽可能大的小船。通过初步制作测试，发现纸船的沉浮与防水效果、船的底面积等因素有关，进而建立纸船体积数学公式模型。利用赋值法和某数学软件分别求解纸船体积的极大值，进一步测试不同体积纸船的实际承重能力。

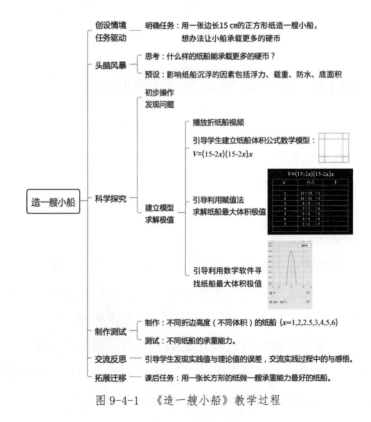

图 9-4-1 《造一艘小船》教学过程

　　《造一艘小船》在科学的基础上融入数学学科，通过"科学＋数学"学科融合主题的教学，引领学生经历制作、测试、建立数学公式模型、求解极值、实践验证等学习活动。学生在推导小船体积公式、采用赋值法求解最大值、利用数学软件寻找极值的过程中进行建模和表征，将抽象思维外显化，提高了动手实践能力、逻辑思维能力与数学计算能力，很好地培养与发展了学生的计算思维。

　　《造一艘小船》选自苏教版小学科学四年级上册《浮力》一课的拓展环节"想办法让一张 A4 纸承载更多的硬币"，该活动具有较强的实践性、综合性、探究性和创新性，是一个具有跨学科性质的 STEM 学习活动，可融合科学、技术、数学与工程等多领域的知识与方法来解决问题。本课聚焦"用纸做一艘承重能力尽可能大的小船"这一具体任务，引导学生经历制作、测试、建立数学公式模型、求解极值、实践验证等学习活动。本节课以培养学生学科综合能力为目标，尤其重视数据的归纳、整理和寻找数据的规律，以及计算思维的培养，旨在强化学生实验能力和科学思维能力的训练。

学生特点

　　本课程的实践对象是六年级学生，相比四年级的学生而言，他们具有更强的动手实践能力和数学计算能力。

教学目标

　　科学观念：通过用纸制作一艘承载能力尽可能大的小船，知道影响纸船沉浮的要素（防水效果、船的底面积等）。

　　科学思维：通过用纸制作一艘承载能力尽可能大的小船，强化模型建构和推理论证的能力和数学计算能力。

　　探究实践：通过用纸制作一艘承重能力尽可能大的小船，形成科学探究能力、技术与工程实践能力和自主学习能力。

态度责任：通过用纸制作一艘承重能力尽可能大的小船，形成乐于合作与交流的氛围，善于通过小组合作，共同解决科学、技术与工程问题。

教学准备

物品准备：边长为15厘米的正方形纸若干、剪刀、透明胶、尺子、垫板、水槽、记号笔、触控式一体机、1元硬币若干。

资料素材：折纸船微课、数学软件、学习单、评价量规。

（一）创设情境，导入新课

1. 教师：提出任务，用一张边长为15厘米的正方形纸造一艘小船，想办法让小船承载更多的硬币。

2. 学生：明确学习任务，思考解决问题的方法。

评析： 提出任务，引起学生的注意，激发学生解决问题的兴趣。

（二）初步操作，发现问题

1. 教师引导学生制作并测试小船，引发学生思考并讨论影响纸船沉浮的因素。

2. 学生小组合作，自主制作小船并测试承载硬币的个数。

3. 教师引发学生思考并讨论影响纸船沉浮的因素。

4. 学生思考影响纸船沉浮的因素。

评析： 引导学生在动手操作与探究中发现问题，培养学生的探究思维。

（三）建立模型，求解极值

1. 教师播放折纸船视频。

2. 学生观看折纸船视频。

3. 教师引导学生建立纸船体积公式数学模型。

4. 学生建立纸船体积公式数学模型：$V = (15 - 2x)(15 - 2x)x$。

5. 教师引导学生利用赋值法求解纸船体积的极大值。

6. 学生采用赋值法求解体积的极大值（$x=3$，$V=243$）。

7. 引导学生利用数学软件寻找纸船体积的极大值。

8. 确定纸船体积的极大值（$x=2.5$，$V=250$）。

评析： 引导学生建立纸船体积公式数学模型，利用赋值法和数学软件求解体积的极大值，通过模型建构，培养学生的科学思维、数学思维和计算思维。

（四）测试模型，实践验证

1. 教师引导学生测试不同折边高度（不同体积）纸船的实际承重能力。

2. 学生测试不同折边高度（不同体积）纸船的实际承重能力。

3. 教师引导学生交流实践过程中的发现与感悟。

4. 学生交流：实践值与理论值的误差。

评析： 引导学生进行实践检验，在实践探究中培养学生实事求是的科学态度。

（五）总结提升，拓展迁移

1. 教师引导学生交流学习体会和感想。

2. 学生交流学习体会和感想。

3. 教师布置作业：用一张长方形的纸做一艘纸。

4. 学生课后思考并完成作业。

评析： 引导学生交流学习感悟，总结提升，拓展迁移，运用所学课后完成新的挑战任务。

案例二：《假如赵州桥会说话》

教学简介

"科学＋语文"学科融合主题的代表性案例是《假如赵州桥会说

话》，该案例以赵州桥作为切入点，通过"STEM+习作"跨学科主题教学活动，将教材与学科进行有机的关联与整合，引导学生在理性科学探究的基础上进行创意性表达与写作。本案例涉及的跨学科概念为"结构与功能"，对应的学科核心概念为"技术、工程与社会"，教学过程如图 9-4-2 所示。先导课以"征集赵州桥的创意宣传文案"为任务驱动，引导学生查找整理资料。接下来聚焦赵州桥的坚固特点，开展科学探究实践，通过制作、测试、分析数据研究拱形结构的科学原理与承重规律坚固的秘密。在此基础上充分调动学生在科学探究中获得的实践体验和理性认识，引导学生对赵州桥的坚固美观进行创意习作与思辨性表达。最后，引导学生采用多种方式进行成果展示，宣传赵州桥。

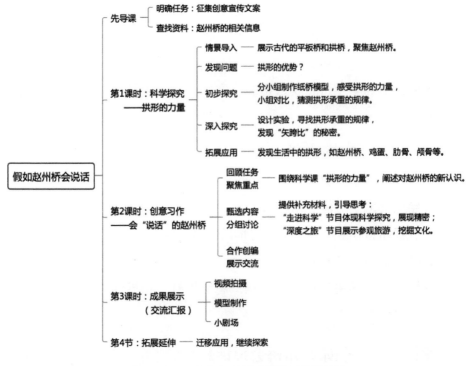

图 9-4-2　《假如赵州桥会说话》教学过程

《假如赵州桥会说话》在科学的基础上融入语文，通过"科学+语文"学科融合主题的教学，引导学生在搜集整理资料、科学探究实践、创意表达协作、项目成果展示的过程中，融通学科、贯通思维、沟通情感。学生在推断、质疑、探究、讨论等实践活动中厘清事实与材料的关系，梳理自己与他人的观点，进行有条理地表达，提升思辨性表达的深度、广度与丰富性，发展思辨思维。

学生特点

学生已具备一定的探究思维能力和动手能力，因此本课的教学通过对比实验、拱桥桥墩加固的探究活动，引导学生合作探索，动手实践，发现问题并解决问题。

教学目标

科学观念：知道拱桥比平桥具有更强的承重能力，探究拱形的承重能力随高度变化的规律。

科学思维：建构拱桥模型，利用模型分析数据，探究拱桥的承重能力。

探究实践：制订探究拱桥承重能力的方案，对实验数据进行收集、处理和分析，解读数据曲线图，得出结论。

态度责任：认识到桥梁设计需要综合考虑坚固、实用、美观等方面的因素，从不同方面综合评价拱桥艺术，用自己感兴趣的表达方式，为赵州桥设计一则创意宣传文案。

教学准备

第一课时：

小组材料：电子书包一台（EXCEL数据表），纸质活动记录单，桥底座，一角钱硬币15个，不同高度的拱形桥面一组。

教师材料：希沃课件、板贴、共享EXCEL文档小组材料一份。

教学环境：WIFI、希沃白板。

第二课时：

资料：赵州桥资料袋。

用具：平板电脑。

教学环境：WIFI、希沃白板。

第一课时　拱形的力量

（一）创设情景，导入新课

1. 教师创设情景，展示描绘古代平桥和拱桥的邮票。

2. 学生欣赏。

3. 教师提问：拱桥有哪些优势？

4. 学生思考回答。

5. 教师揭示课题：拱形的力量。

6. 学生进入新课的学习。

评析： 创设情景，通过展示古代桥梁的邮票，激发学生的学习兴趣，聚焦拱形，导入新课。

（二）初步探究，感受拱形的力量

1. 教师演示：用纸做桥模型，比较平桥和拱桥的承重能力。

2. 学生认识到拱桥具有更强的承重能力。

3. 教师提问：拱形的力量有多大？

4. 学生猜测。

5. 教师提出"活动一　测试拱形的承重能力"。

6. 学生小组合作，测试拱桥的承重能力。

7. 教师组织学生交流汇报。

8. 学生交流汇报：小组展示拱桥模型并汇报其承重能力。

评析： 引导学生初步测试拱桥的承重能力，感受拱形的力量，并发现新问题。

（三）深入探究，寻找拱形的承重规律

1. 教师提问：同学们有什么新发现？

2. 学生思考、回答：不同高度的拱桥的承重能力不同。

3. 教师介绍拱形的结构。

4. 学生了解拱形的结构。

5. 教师聚焦问题：哪一种拱高的承重能力最大？

6. 学生明确研究问题，进行预测。

7. 教师提出"活动二　测试 7 种不同高度拱形的承重能力"。

8. 学生小组合作探究，测试 7 种不同高度拱形的承重能力，完成活动记录单。

9. 教师组织学生利用电子书包将数据转换成曲线图，利用石墨文档汇总全班数据。

10. 学生以小组为单位，用电子书包将最终数据输入 EXCEL 表格中，形成数据曲线图。

11. 教师引导学生发现数据规律，揭示拱形承重能力随高度变化的趋势，寻找最佳拱高。

12. 学生解读数据曲线蕴藏的规律，解释拱形承重能力随高度变化的趋势，寻找最佳拱高。

13. 教师提问：如果你是桥梁工程师，你会选择建造哪种高度的拱桥？

14. 学生选择并说明理由。

评析： 引导学生深入探究不同高度的拱形承重能力的变化趋势，通过动手测试，收集、处理、分析数据，揭示拱形承重能力的变化趋势，寻找最佳拱高。综合承重能力（坚固）、通行通航需求（实用）、美观（外形）等多种因素对古代石拱桥进行评估。

（四）拓展延伸，了解拱桥的发展与进步

1. 教师介绍我国的拱桥及其发展历程。

2. 学生欣赏了解。

3. 教师提问：在日常生活中，同学们见过哪些拱桥？

4. 学生思考、回答。

5. 教师提问：这节课有哪些体会？

6. 学生交流收获和体会。

评析： 引导学生欣赏更多的拱桥，体会我国拱桥的发展进程。

第二课时　假如赵州桥会说话

（一）回顾任务聚焦重点

1. 教师引导学生回顾驱动任务：应《会"说话"的文物》栏目组邀请，征集赵州桥的创意宣传文案。"人物访谈""深度旅游""精品摄影""走进科学"4个节目组，要召开第二轮讨论会。

2. 学生回顾任务，明晰所在小组的目标，明确自己的编导身份。

3. 教师回顾上一节科学课，谈谈对赵州桥的新认识。

4. 学生思考，围绕上一节的重点"拱形的力量"进行回答。

评析： 通过回顾任务驱动，明确目标；做好上一节课的过渡联结，聚焦习作重点。

（二）甄选内容分组讨论

1. 教师：节目讨论会的第一个环节——选定拍摄内容。

2. 学生交流表达，谈谈各自节目组的初步设想。

3. 各节目组谈一谈在宣传片中要怎样展现赵州桥的形式和内容。（相机生成思维导图）

4. 教师引导学生交流启发，拓展思路。

5. 全班交流，现场生成。

（1）"人物访谈"组穿越千年，对话李春。

（2）"走近科学"组科学探究，展现精密。

（3）"精品摄影"组不同角度，展现美观。

（4）"深度旅游"组参观游览，挖掘文化。

6. 教师以副导演身份，为各节目组提供相关的补充资料，丰富文案内容。

7. 学生组内阅读交流并补充资料，提取可用信息。

评析： 通过交流讨论，拓宽学生的创作思路，为"选材"做准备；额外提供补充材料，4 篇非连续性文本，训练学生阅读信息、提取信息、分类整合的能力，丰富习作内容。

（三）合作创编展示交流

1. 进入第二个阶段：现场创编。请各组结合各阶段获得的资料，利用 10 分钟时间，现场创编一个片段。教师同时下场巡视、指导，关注创意表达。

2. 学生以节目组为单位，现场创编。在创作中探讨、修改。

3. 教师邀请各节目组上台汇报，相机点评，提出修改意见。

4. 学生上台汇报，互相点评。

5. 教师根据修改意见，指导各小组进行修改。

6. 学生结合修改意见进行修改。

评析： 在创作探讨中探索写作支架，讨论、修正，不断完善，使文案更加具体、有深度、有创意。通过写、读、评、改，提升习作水平。

（四）拓展延伸升华主旨

1. 教师出示若干文物图片。

2. 学生欣赏图片。

3. 教师小结：探寻身边更多凝结着华夏祖先智慧的和令中国人骄傲的文化宝藏。

4.激发学生的探究热情和表达热情。

评析： 通过拓展延伸，激发学生的文化自豪感，提高对文物的保护意识。

案例三：《不同的声音》

教学简介

"科学＋音乐"学科融合的代表性案例是《不同的声音》，该案例来自苏教版小学科学三年级下册第三单元《声音的奥秘》，引领学生感受声音有音色、音量、音调的区别，用实验证明声音的强弱、音调的高低分别与什么因素有关。本案例涉及的跨学科概念为"系统与模型"，对应的学科核心概念为"物质的运动与相互作用"，教学过程如图9-4-3所示。以"用自制皮筋乐器弹奏一曲《小星星》"为任务驱动，借助皮筋、纸盒、铅笔等简单易操作的结构材料，引导学生完成一系列富有挑战性的子任务。如"用一根皮筋发出不同的声音""用两根皮筋发出不同的声音""借助铅笔发出不同的声音""调出12345音符并弹奏《小星星》""欣赏不同乐器"，在循序渐进的活动中理解科学原理并享受音乐。

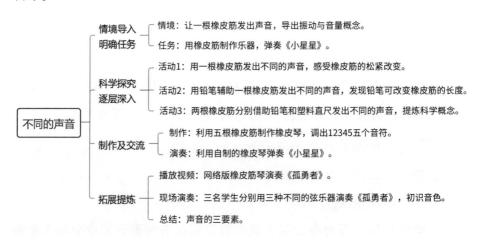

图 9-4-3 《不同的声音》教学过程

《不同的声音》在科学的基础上融入音乐，通过"科学 + 音乐"学科融合的教学，将科学探究与音乐欣赏有机融合，让抽象复杂的声音概念渗透于生动形象的音乐感受中。引领学生在探究实践中聆听声音、感受声音、理解声音、享受声音，激发了学生的学习兴趣，调动了学生的学习主动性，突破了科学课难教的局面，提高了课堂的时间效率，很好地解决了科学难教课的问题。

本节课是苏教版三年级下册第三单元《声音的奥秘》中的最后一课。这节课是在前两节的基础上进行的，学生已经知道声音是由于物体的振动而产生的，声音传播需要介质，声音不能在真空中传播，以及我们是如何听到声音的。本课继续引领学生对声音有更完整的认识，即让学生感受到声音有音色、音量、音调的区别，能用实验证明声音的强弱、音调的高低具体和什么因素有关。

学生特点

三年级学生每天感受到各种各样的声音，虽然这些声音都出自物体的振动，而后，这些振动又以声波的形式，从各个方向传至耳朵，被人类感知。但是，这些声音有哪些具体的区别，为什么会产生差异，却是学生在生活中经常提出的问题，特别是在音调高低的辨别上，这些问题更加凸显。本课在继前两课研究与学习的基础上，引领学生通过跨学科融合研究并解答这些问题，使学生获得一个较完整的对声音的认识。

教学目标

科学观念：通过探究声音的奥秘，知道响度、音调与声源振动的关系，了解各类弦乐器的发声原理，认识到琴弦的选择需要综合考虑松紧、长短、粗细多方面的因素。

科学思维：通过探究声音的高低与哪些具体因素有关，运用分析与综合、比较与分类、归纳与演绎等思维方法，基于证据解释各类弦乐器的发声原理。

探究实践：在"皮筋古筝"制作过程中，形成科学探究能力、技术与工程实践能力和自主学习能力。

态度责任：乐于探究琴弦的奥秘，基于科学证据制作"皮筋古筝"，感受声音的音阶之美，欣赏音乐的乐调之美。

教学准备

小组材料：纸质记录单、音盒 1 个、橡皮筋 7 根。

教师材料：希沃课件、板贴、弦乐器（柳琴、古筝、阮）、手机。

教学环境：WIFI、希沃白板。

（一）温故导入，感受声音音量不同

1. 教师提问：老师带来一个纸盒，将皮筋套在盒子上，同学们能让其发声吗？

2. 学生回答：可通过弹拨让其发声。

3. 教师提问：皮筋在发出声音时发生了什么变化？

4. 学生思考回答：振动。

5. 教师控制力度，分别用大力和小力弹皮筋，并提问：这两种声音有什么区别？声音的大小和什么因素有关？

评析： 回顾振动能发声，认识声音有大小，认识音量。聚焦声音有不同，导入新课。

（二）初步探究，感受声音声调不同

1. 教师提问：同学们能想办法用一根皮筋发出不同的声音吗？这个声音不再是强弱的区别哦。请各小组材料员将材料拿出，进行实验。

2. 学生：（1）用手按住皮筋的不同位置，声音不一样。按住皮筋不同位置会改变发声时皮筋的长短。（2）用手将皮筋拉紧，发现松紧改变皮筋及音盒发声改变。

3. 教师提出"任务一 用一根皮筋发出不同的声音"。

4. 学生小组合作，调试不同音调的声音。

5. 教师组织学生交流汇报。

6. 学生交流汇报：小组展示方法并汇报其音盒声音。

7. 教师提出"任务二 物品辅助一根皮筋发出不同的声音"。

8. 将一支铅笔或一把尺子架在皮筋下面，将皮筋分成两段长短不一的皮筋，音盒发出不同的声音。

9. 将两支铅笔或俩把尺子架在皮筋下面，将皮筋分成三段长短不一的皮筋，音盒发出不同的声音。

10. 教师组织学生讨论声音不一样的原因。

11. 学生演示并汇报。

评析： 引导学生初步认识改变皮筋长短和松紧可以改变声音的高低，并发现新问题。

（三）深入探究，寻找皮筋发出音调不同的规律

1. 教师提问：利用两根皮筋和辅助物品，如何产生更多高低不同的声音呢？

2. 学生思考、回答。

3. 聚焦问题：如何改变皮筋状态让音盒发出高低不同的声音？

4. 学生明确研究问题。

5. 教师提出"任务三 用两根皮筋发出不同的声音"。

6. 写生小组合作探究，进行实验调试，完成活动记录单。

7. 教师组织学生交流汇报，教师利用希沃投屏上传学生实验记录单。

8. 学生：（1）铅笔斜放，1 号和 2 号皮筋的声音不同，短的更高，长的更低。（2）变化铅笔摆放的位置，放在纸盒中央还是一侧，对音盒声音音调产生影响。

9. 教师引导学生寻找声音高低不同的规律，揭示改变皮筋的松紧、长短可以让皮筋发出高低不一样的声音。

10. 学生解读音盒发出高低不同声音的规律，解释当皮筋越松、越长时，音调越低；反之，音调越高。

11. 教师小结。

12. 学生完善实验记录单。

评析： 引导学生深入探究两根皮筋辅助物品如何发出更多不同的声音，通过动手测试、分析实验方法，揭示皮筋状态与音调高低的变化趋势，初识到发出高低不同的音调需要综合考虑皮筋松紧、长短等方面的因素。

（四）综合运用，欣赏音调音乐美

1. 教师：根据寻找到的规律，同学们能用 5 根皮筋能发出 12345 五个音调高低不同的音符吗？

2. 学生思考回答。

3. 教师提出"活动一　利用皮筋调 12345 音符"。

4. 学生小组合作。

5. 教师组织学生交流展示。

6. 学生展示弹奏音符，并交流成功秘诀：

粗、短、松——音调低；

细、长、紧——音调高。

7. 师生小结，形成科学概念（音调）。

8. 师生交流。

9. 教师演示："皮筋古筝"弹奏《小星星》，并引出"活动二　制作'皮筋古筝'"。

10. 学生欣赏教师的演示并小组合作利用 7 根皮筋制作"皮筋古筝"，进而自主演奏《小星星》。

评析：通过调出音符并制作"皮筋古筝"演奏歌曲两个活动，明确任务，驱动学生应用科学知识，并通过跨学科运用突破音调这个难点，在赏析艺术之美的过程中形成科学概念，综合运用。

（五）拓展延伸，了解声音三要素之音色

1.教师播放微课："皮筋古筝"《孤勇者》。

2.学生欣赏了解。

3.教师提问：观察生活中的其他弦乐器，同学们还发现了什么？

4.三位同学演奏《孤勇者》（中阮、柳琴、古筝），全班欣赏、思考，回答（音色不同）。

5.师生交流收获。

评析：引导学生交流、欣赏各乐器弹奏的音乐，发现声音的种类也有不同，引出音色。科学原理与音乐不断地交叉、转换、融合。

第十章 "系统与模型"跨学科概念教学

第一节 "系统与模型"跨学科概念的基本内涵

一、"系统与模型"的含义

《义务教育科学课程标准（2022 版）》新增加四个跨学科概念：系统与模型、物质与能量、结构与功能、稳定与变化。这是对科学知识的高度抽象和概括，对学生系统、整体认识科学具有重要价值。

系统是人为界定的由一些有关联的物体或成分组成的有序整体。模型是经过处理的简化系统，但能体现原系统的本质特征，是描述和理解系统的有效工具。若真实问题很复杂，则可以用简化的模型来描述。模型包括物理模型（通常是实物或示意图）、数学模型（通常是数学公式）和概念模型（通常是相关理论）。科学研究离不开系统与模型，模型将不可见的、抽象的现象或特征形象化。

二、小学科学技术工程领域中的"系统与模型"

2001 年，教育部开始组织编写《国家小学科学课程标准》，将我国的小学科学教育首次从自然常识水平推进到科学水平。此时的科学教学追求知识的完整性和系统性。2017 版科学课程标准突出了核心概念的学习，在 4 个知识领域选择了 18 个主要概念，并将科学、技术、社会与环境的内容融入其中，让学生在体验、操作和制作的过程中综合运用所学知识，了解科学技术对生活和社会的影响。2022年科学课程标准从实践的角度、方法的角度、探究的角度对技术与工程领域的内容进行设计和安排，突出技术与工程的特点，通过具体的实践活动，引导学生认识技术与工程的特点，以及了解技术与工程对社会的影响，在此基础上，发展学生核心素养。

在技术与工程领域，不同的核心概念从不同的角度帮助学生理解跨学科概念"系统与模型"，例如，房屋、车辆、发电站等都可以作为一个系统。有时由于系统比较庞大，还可以根据功能分为若干个子系统。以汽车为例，汽车这一系统包括动力、转向、制动、悬挂等子系统，同时，它还与外界有物质和能量交换，如需要外界的汽油或电力，运行时会产生废气、废水并排出。系统和模型是重要的跨学科概念，可以应用于不同的学科领域。一般科研都要对系统进行简化，获得模型后，再进行深入研究。很多学生总感到理论与实际有巨大的鸿沟，最主要的原因是缺乏建模的经验。有建模经验的学生可以将复杂问题（实际）简化后得到相对容易的模型（理论），然后就可以用不同的手段进行处理。

第二节 "系统与模型"跨学科概念教学的意义

一、形成科学观念

跨学科概念是从不同学科领域提炼、抽象出来的共同概念，是在多个学科或领域中反复出现的一些重要概念，它们超越学科界限，在解释现象、创新理论等过程中发挥着重要的作用。在科学教育中强调跨学科概念学习，一是因为它体现了各科学领域之间的共通性，可以使学生更好地把握科学的整体连贯性，促进学生对其他知识的理解；二是因为它可以促进不同学科间的知识迁移和应用。

二、掌握科学方法

建立简化的模型来研究复杂的系统，正是一种科学研究的方法。人们首先根据系统的主要特征，提出符合这一特征的可能模型，然后再利用模型解释或预测其他现象。随着时间的推移，人们的认识不断提高，可能会发现最初提出的模型存在问题，这时人们将根据新发现的现象修正模型。这也是科学逐步发展的重要模式，同时表明科学并不是终极真理，而是在逐渐接近真理。

三、指导解决问题

"系统与模型"提供认识复杂问题的方法，通过简化提炼出系统本质的特征，并据此进行分析、预测，给出具体分析问题的方法和途径。真实问题（系统）很复杂，通过适当简化、假设得到一个相对简单、可以处理的模型，然后对模型进行分析或测试，进而获得数据，经过整理有可能获得关于系统的新认知。模型还具有预测功能，通过对预测结果的证实或证伪，可以扩大对系统的认知范围，亦可能导致新的模型产生。

第三节 "系统与模型"跨学科概念教学的策略

一、思维外显

思维外显是将不可见的思维显性化。系统是根据研究目的而人为界定的，由一些有关联的物体或成分组成的有序整体。真实世界的系统一般具有抽象性、繁杂性。而模型是经过处理的简化系统，可以将抽象的系统以实物、图像、文字、符号或概念等方式直观呈现，体现系统的本质内涵，帮助描述和理解。

在"系统与模型"跨学科概念教学中，可以通过物理模型（通常是实物或示意图)、数学模型(通常是数学公式)、概念模型(通常是相关理论)的建构,或多种模型的联合建构,化繁为简,推进并直观呈现思维的发展。如《造一艘小船》中,教师指导学生用相同大小的纸折高度不同的纸船以建立实物模型,并以硬币替代货物直观呈现纸船的承重能力。学生还利用数学软件建立函数表达式,尝试用数学知识计算极值。这不仅对实践测量中数值的选取起到指导作用,而且与实际的测量结果相互验证,从而得出黄金分割的理论。正是多种形式模型建构的联合应用,让"力与运动"这一核心概念下的小船载重问题,以学生易于理解的方式得到解决。

二、认知支架

认知支架是指在学习过程中,为帮助学生更好地理解新的知识和技能,提供的语言、图像、提示、例子等形式的支持和引导。认知支架的作用在于帮助学生从已知的知识和技能出发,逐步理解和掌握新的知识和技能。它可以有效地促进学生的学习成果,提高学习效果。

在跨学科概念教学中,可以通过结构性材料、逻辑性问题等为学生提供理解概念的支架。结构性材料是指教师精心设计的典型材料,它既能揭示教学内容有关的现象,体现教材的科学性;又能符合学生年龄特征和认知规律,贴近学生的日常生活。学生通过对材料的探索来发现问题,解决问题,从而获取新知。结构性材料可能是实验室的材料,或者是生活中的材料,也可能是教学实践中经改良过的器材设施或自制的材料。这些材料有强烈的导向性和目的性,饱含教师的教学智慧。如《造一艘小船》中,利用"纸盒 + 硬币"的结构化材料,引导学生深入探究,走向数学建模。

三、概括抽象

概括抽象是人们通过观察、实验和思考等方式,将对象之间的共性和规律提炼出来形成的更为一般性和抽象性的表达。面对跨学科教学中，多学科融合的庞大知识体系，可以通过概念抽象的方式，将大量的具体知识整合起来，形成更为系统化和抽象化的知识结构，方便思考与交流，从而提高学生的认知水平和学习效果。

　　例如，在《造一艘小船》教学设计过程中贯穿思维发展的要素。教师需要通过概括抽象，将利用相同大小的纸折纸船实验中涉及的折边高度与船底大小此消彼长的数学变化，提炼为一个求体积的数学公式模型。通过极值计算，结合科学实验结果验证猜想。在概括抽象的过程中，引导学生发现问题、找到解决问题的方法、建构数学模型、解决项目任务，培养学生的高阶思维。

四、迁移应用

　　跨学科教学中的迁移应用是指创设真实场景或情境，学以致用，解决生活中的真实问题。真实情境能还原学生的生活经验和情感体验，有助于调动学生的前概念，改变为记忆知识而学的局限，学习目标指向真实问题的解决。同时，创设富有挑战性任务的真实情境，能够激发学生探究的热情，实现知能的理解与迁移。

　　例如，《造一艘小船》中，以小船载物这一真实情境为切入点，学生能够迅速在脑海中呈现船的形象，提出可能影响载重的因素，在数学公式的指导下建立纸船模型，修正原有认知，实现科学、工程、技术与数学的有效融合。在此基础上，能够将掌握的知识、技能及思维方式，迁移应用到新的情境，思考用一张长方形的纸做一艘承重能力最强的纸船。

五、评价反馈

　　评价反馈是指对某个事物、行为或成果进行评价并给予反馈的过程。教学中针对学生学习的评价反馈，从形式上，包括过程性评价和总结性评价；从评价主体上，包括教师、家长和同伴；从评价维度上，立足科学学科核心素养，包括科学观念、科学思维、探究实践和态度责任。有效的评价反馈具有诊断与导向的功能，可以帮助学生更好地了解自己的优点和不足，挖掘自己的潜力和发现自身的问题，从而更好地改进自己和提高自身的能力。

针对技术与工程领域中"系统与模型"跨学科概念教学的课例，以《造一艘小船》为例，可以从模型建构、跨学科知识的运用、成果展示、小组合作、学习态度五个维度，完成自评、互评和师评，获得客观、多元与及时的评价，培养学生实现自知的高阶素养。

第四节 "系统与模型"跨学科概念教学的实践案例

案例一：《了解太阳系概况》

教学简介

本案例的教学内容为苏教版小学科学六年级上册第四单元《探索宇宙》的第一课《太阳系大家族》的第一课时。本案例遵循由近及远的规律，引导学生将研究视角聚焦在自己所处的、比较熟悉的太阳系，了解太阳系的组成及主要成员（八大行星）的概况。在太阳系中，除了中心天体——太阳——以外，还包括行星、卫星、小行星、彗星、流星体和行星际物质等，它们组成了一个庞大而有序的太阳系。作为一个系统，每个天体成员也都有自己相应的位置，地球就是其中非常具有特色的一成员。本节课基于八大行星的"直径"数据，引导学生将数据按照一定的比例进行缩小，制成八大行星大小卡片，在对比、排序与分类的过程中，对八大行星进行建模，将抽象的系统形象化，将理论的知识转化为实践的证据，从而建构对八大行星特征的理解，初步认识到地球自身特点的"宜居性"。

学生特点

本案例的教学对象为小学六年级的学生。在内容上，他们对太阳系的知识了解得比较多，也比较感兴趣，这是本案例学习的起点。但他们的前概念是零散的、孤立的，甚至有些是不科学的，缺乏对太阳系这个系统的成员特点及相互关系的整体认知与建构，这是教学的生长点。此外，他们的思维仍以直观形象思维为主，抽象思维水平较低。因此，本案例主要采用模型建构、阅读资料的方法帮助学生了解太阳系中八大行星的一些特征，通过建模、比较、分类等方法初步了解太阳系概况。

教学目标

科学观念：通过寻找太阳系内宜居的星球，了解太阳系的主要成员及特点。

科学思维：比较八大行星的大小，建立相对大小模型，分析天体大小对其特点的影响。

探究实践：阅读资料，提取信息，归纳类地行星与类木行星的不同特点。

态度责任：激发探索太阳系的兴趣与欲望。

教学准备

教师材料：希沃课件、太阳模型、板贴。

小组材料：八大行星"直径"大小模型卡纸、类地行星与类木行星资料卡、剪刀、活动记录单。

（一）回顾主题，导入新课

1. 教师提出任务：在"探索宇宙——寻找下一个家园"的主题活动中，同学们首先将目光锁定在太阳系，在太阳系内寻找可能宜居的家园。

2. 教师提问：太阳系有哪些成员？

3.学生思考回答。

4.聚焦课题：了解太阳系概况。

评析：回顾项目主题，聚焦太阳系，导入新课。

（二）互动交流，了解地球宜居的条件

1.教师提问：地球作为目前人类已知的唯一存在生命的星球，哪些条件为地球上存在生命提供了可能性？

2.学生思考、交流、回答。

3.教师播放介绍地球宜居条件的视频。

4.学生观看视频，师生互动。

5.教师提问：通过观看视频，同学们还发现了哪些促使地球宜居的条件？

6.学生思考、回答。

评析：引导学生进行交流，了解地球宜居的条件。

（三）建立模型，比较八大行星的大小

1.教师提问：地球的大小对生命的生存来说刚刚好，同学们知道地球有多大吗？

2.学生思考、回答。

3.教师介绍地球的"直径"，突出地球的大；对比木星的"直径"，突出地球的小。

4.学生听讲，对比感知地球的大与小。

5.教师出示八大行星的"直径"数据，通过缩小比例，引导学生借助八大行星卡片建立大小模型。

6.学生借助表格数据和卡片模型感知八大行星等天体的相对大小。

7.教师补充数据：补充太阳的"直径"数据，出示太阳纸板模型。

8.学生观察太阳模型，观看视频。

9.教师补充数据：补充月球和冥王星的"直径"数据，介绍冥王星的发现，介绍小行星。

10. 学生听讲、了解数据。

11. 教师播放天体相对大小视频。

12. 教师提问：天体的大小会对其产生哪些影响？

13. 学生思考、回答。

评析： 引导学生从天体大小的角度来考量宜居性和对八大行星"直径"进行等比例缩小，使学生认识到模型比例的含义，聚焦如何选择合适的比例进行建模。通过几次等比例变化，让学生一步一步地将八大行星的大小缩小到合适比例，成功建立八大行星大小模型。在理解数据、缩小比例、动手测量与排序的过程中感知八大行星的相对大小，并借助等比例缩小的太阳模型与直观形象的视频，进一步感知太阳系中天体的大小差别，了解"太阳系的组成和结构"，建构"太阳系八颗行星在太阳系中的相对位置"核心概念。将抽象的系统形象化，将理论的知识转化为实践的证据，从而建构对八大行星特征的理解。初步认识到地球自身特点的"宜居性"，形成初步的系统观。学生在进阶的模型建构与推理分析活动中逐步建立"稳定与变化""系统与模型"跨学科概念。

（四）进行分类，了解类地行星和类木行星

1. 教师提出任务：按照行星的大小，将八大行星分成两类。

2. 学生进行交流讨论，并完成任务。

3. 教师组织学生将八大行星分成类地行星和类木行星两大类，并阅读类地行星、类木行星资料卡。

4. 学生阅读资料卡，完成记录单。

5. 教师提问：类地（木）行星有什么特点？

6. 学生归纳、交流类地行星和类木行星的特点。

7. 教师提问：哪一类行星宜居的可能性更大？

8. 学生选择，说明理由，综合评估。

评析：引导学生根据行星的大小对八大行星进行分类，通过阅读资料卡了解类地行星与类木行星的特点，初步综合各方面信息来评估可能适宜人类生存的星球，培养学生运用分类思维综合评判并考量问题的能力。

（五）总结回顾，拓展延伸

1. 教师提问：同学们对太阳系有哪些新认识？

2. 学生思考、交流。

3. 教师留下悬念：除地球以外，太阳系内哪个行星宜居的可能性最大？我们下节课接着研究。

评析：引导学生进行总结回顾，初步建立太阳系的组成模型，感知太阳系的庞大，为第二课时做铺垫。

案例二：《建立太阳系模型》

教学简介

本案例的教学内容为苏教版小学科学六年级上册第四单元《探索宇宙》的第一课《太阳系大家族》的第二课时。在了解了太阳系的主要成员及特点后，进一步引导学生建立非等比例八大行星在太阳系中相对位置的模型，运用模型分析对比并推测哪颗行星可能适合成为人类的下一个家园。然后适时提供八大行星概况的视频，通过小组合作，提取关键信息，从适合宜居的优势、不足及利用现有知识提出改进意见三个角度分析并制作行星标签，锻炼信息素养，培养系统思维。最后，建立太阳系的整体观，将寻找下一个家园的视野从八大行星拓宽到太阳系的其他天体，从而进一步深化系统观。

学生特点

学生在第一课时学习了太阳系中的天体，了解了八大行星的名称及其大小，对其有了一定的印象。但是对太阳系的整体认识还是有些模糊的、缺少直观的经验，尤其对于太阳系八大行星的位置排列等，更是知之甚少。因此第二课时通过模型的建立和非等比例变化，引发学生对天体大小和相对距离这一问题的深入思考，让学生的认识从个体到整体，对太阳系中八大行星有更加深刻地了解，对太阳系有更完整地认识，并在建模过程中，认识到太阳系的辽阔和宇宙的浩瀚。同时引发学生思考并主动参与学习，激发他们的探索意识，使知识的学习变得有趣。学生从数据分析中学会科学建模，从动手实践中获得成功体验。

教学目标

科学观念：建构太阳系模型，初步形成"系统与模型""稳定与变化"的科学观念。

科学思维：比较八大行星距离太阳远近的数据，通过缩小比例建立八大行星远近模型。

探究实践：综合分析信息，寻找并评估太阳系中可能适合人类生存的下一个家园。

态度责任：感受地球宜居条件的伟大，树立敬畏生命的宇宙观。

教学准备

教师材料：希沃课件、磁吸。

小组材料：黑色卡纸（100 cm×36 cm）、剪刀、双面胶、卷尺、银色亮光笔、学习单。

（一）深入探究，建立八大行星远近模型

1. 教师提问：上节课同学们认识了太阳系概况，建立了八大行星大小模型，那要在这片宇宙空间中建立八大行星在太阳系中的模型，还需要了解哪些信息？

2. 学生思考回答。

3. 教师提供表格数据（见表10-4-1）：

表 10-4-1 八大行星距离太阳的远近

行星名称	平均距（近似到 10000000 km）	模型距离（缩小为十亿分之一）	模型距离（缩小为十五万亿分之一）	模型距离（1 个天文单位）	模型距离（缩小为五万亿分之一）
水星	58000000 km	58 m	0.4 cm	0.4	1.2 cm
金星	108000000 km	108 m	0.7 cm	0.7	2.2 cm
地球	150000000 km	150 m	1.0 cm	1.0	3.0 cm
火星	228000000 km	228 m	1.5 cm	1.5	4.6 cm
木星	778000000 km	778 m	5.2 cm	5.2	15.6 cm
土星	1429000000 km	1429 m	9.5 cm	9.5	28.6 cm
天王星	2871000000 km	2871 m	19.1 cm	19.1	57.4 cm
海王星	4498000000 km	4498 m	30.0 cm	30.0	90.0 cm

4. 教师提问：距离这么远，该怎么建立模型呢？

5. 学生思考回答。

6. 教师提问：按多少比例缩小？按上节课行星"直径"缩小为十三亿分之一，可以吗？

7. 学生观察数据进行判断。

8. 教师追问：行星模型与距离的缩小比例不一致，需要继续缩小吗？

9. 学生交流思考。

10. 师生谈话：建构模型如果出现非等比例缩小的情况，做好标注。

行星大小：1：1300000000（13 亿）

行星距离太阳：1：5000000000000（5 万亿）

11. 教师提出任务：测量、定位并粘贴行星到黑色卡纸的相应位置。提供小组材料：卷尺、直尺、黑色卡纸（100 cm×36 cm）、银色高光笔。

12. 学生分组活动，构建太阳系平面模型；标注缩小比例（非等比例）。

13. 学生交流汇报，并修改模型。

评析： 本环节延续上一节课的内容，带领学生进一步建模，除行星大小外，结合八大行星与太阳的距离继续建模，在这过程中继续建模方法的指导、数据比例选取的学习。这一过程中，学生尝试进行非等比例缩小（行星大小和距离缩小比例不同），建立非等比例太阳系八大行星模型，进而理解"太阳系八颗行星在太阳系中的相对位置"这一核心概念。建立太阳系的整体观，使教学循序渐进、扎实有效，突破了模型建构的难点。学生在进阶的模型建构与推理分析活动中逐步建立"稳定与变化""系统与模型"跨学科概念。

（二）提取信息，探寻适合人类生存的下一个家园

1. 教师提问：同学们觉得哪颗行星适合成为人类的下一个家园？可以从哪几个方面考虑？结合模型展开讨论。

2. 小组讨论，展示模型，并从外观、大小、远近方面进行汇报。

3. 教师播放视频进行科学史渗透。

4. 学生观看视频。

5. 教师播放视频《八大行星概况》，提出任务：提取关键信息，制作行星标签（见表10-4-2）。

表 10-4-2　行星标签

行星名称	
优势	
不足	
改造意见	

6.学生观看视频，制作行星标签；小组交流、汇报。

评析： 模型—信息，结合模型推测行星概况，锻炼学生的信息素养，培养学生的系统思维。

（三）完善太阳系模型

1.教师谈话：太阳系大家族不仅空间庞大，而且成员数量也很庞大。除了位于中心的太阳和围绕太阳运转的八大行星，还有很多的天体，让我们一起来看一个视频，进一步了解太阳系大家族。

2.教师提出任务：用画图的形式完善太阳系模型。

3.学生观看视频，完善太阳系模型。

评析： 建立太阳系的整体观，将寻找家园的视野从八大行星拓宽到太阳系的其他天体。

（四）拓展

1.教师谈话：太阳系中除了八大行星，其他众多的天体中是否存在适合人类生存的下一个家园？期待同学们继续探索。

2.学生课后查阅资料，尝试结合模型及资料寻找适合人类生存的下一个家园。

评析： 拓展思维，留下悬念，激发学生继续探索的热情。

案例三：《认识星座》

教学简介

本案例的教学内容为苏教版小学科学六年级上册第四单元《探索宇宙》的第二课《观察星空》的第一课时。宇宙星空离生活很近，夜里可见；但离现实很远，因为距离遥远，且对此知之甚少。本节课首先通过图文资料引导学生初步认识星座的划分及意义。紧接着聚焦北斗七星，引导学生开展多次建模活动，逐步将遥远的星座具象化，从而突破学生的前概念，引导学生意识到星座只是地球上的人类看到的视觉图像。接下来，从不同空间方位对比观察北斗七星模型，体会"横看成岭侧成峰，远近高低各不同"，进而促进学生自我建构宇宙的空间观。最后，利用现代信息技术，即观星相关软件，实现时空穿梭，在了解观星意义的同时思考宇宙的运动观，初步形成运动观。

学生特点

通过苏教版小学科学二年级上册第二单元《天空中的星体》的学习，学生已经认识了星星和太阳、月亮都属于天体。星星有大有小、有明有暗。本案例教学中的重点是，通过建立星座的活动，认识到天文学中的星座概念。本案例的教学对学生的空间想象能力提出了很大的挑战，这就需要老师借助具体的实物材料、图片、多媒体课件、动画等手段，在学生出现理解困难时，及时提供支架，帮助学生逐步完成概念的建构。基于学生对宇宙的星体已经有了初步的认识，可以利用软件突破界限，让学生直接观测到天空的星座。

教学目标

科学观念：知道宇宙中有很多恒星；知道大熊座、猎户座等星座；知道北斗七星的勺子形状是从地球上看到的视觉图像，在宇宙中这七颗星并不在一个平面上，距离地球有远有近。

科学思维：制作北斗七星模型，建立空间观念。

探究实践：通过观察或借助软件识别织女星、牛郎星等亮星，学会利用北极星辨认方向；利用北斗七星寻找北极星。

态度责任：了解划分星座的意义，认识到建立模型的重要性。

教学准备

教师材料：希沃课件、板贴、手机。

小组材料：可移动端平板（安装观星软件）、记录单、画好距离弧线的 KT 板（20 cm×40 cm）、穿有木珠（模拟北斗七星）的竹签（带橡皮筋进行固定）、投影屏（模拟视网膜成像）、强光手电筒（模拟恒星的光）。

（一）认识星座

1. 教师展示视频或图片，交流：夜晚的天空群星闪烁，这些星星大多是像太阳那样的恒星。

2. 教师提问：恒星有什么特点？

3. 学生思考回答。

4. 教师展示图文和视频，投屏星空软件，浏览星座。交流：天空中的星星实在太多了，为了方便认识星星，人们把星星分成了群，划分不同的区域。根据它们的形态想象成人、动物或者其他物体的形状，并且以此给它们命名。

5. 教师展示图片并介绍：为了方便观察、记录星图位置，可假设它们都附着在一个包裹地球的巨大天球上——这就是天文学家们经常提到的天球。1928 年，国际天文学联合会将全天空划分为 88 个星座。

评析：利用图文资料初步了解星座的划分和意义。

（二）聚焦夜空中的亮星

1. 教师展示图片，提出任务：找出图片中的亮星。

2. 学生代表上台圈出亮星。

3. 教师提问：同学们了解这些亮星吗？

4. 学生进行交流。

5. 教师白板展示并介绍：七颗亮星由天枢、天璇、天玑、天权、玉衡、开阳、摇光七颗星星组成的，像是古代舀酒的斗形，故起名北斗七星，是大熊星座的明显标志。再把"勺口"两颗星的连线向"勺口"方向延长约五倍距离，那颗亮星就是北极星。

评析：聚焦北斗七星，了解学生前概念，初步认识北斗七星。

（三）建立北斗七星模型

1. 教师提出任务：依据北斗七星图形，初步建立北斗七星模型。提供小组材料：KT 板、穿有木珠的竹签、投影屏、强光手电筒。

2. 学生进行小组活动，建立模型。

3. 教师提出要求：在投影屏上呈现出在地球视角下看到的北斗七星模样，并将其记录在记录单上。

4. 学生画图记录。

5. 教师将学生作品拍照投屏。

6. 教师提问：不同小组的模型有什么区别？哪些模型更合理？

7. 小组交流汇报。

8. 教师提供图片资料（如图 10-4-1）：

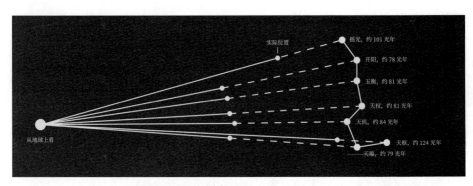

图 10-4-1

组成斗状的七颗星其实离地球的距离并不相同，它们分布在距离地球 50 光年～150 光年远的宇宙空间里。北极星距离地球 445.3 光年。（光年：长度单位，光在宇宙真空中沿直线传播一年经过的距离，为 9.46×10^{12} km）。

9. 学生根据资料进行交流讨论。

10. 学生依据北斗七星与地球的距离，再次建立北斗七星模型，完成后小组进行汇报。

11. 教师提问：在宇宙中观察到的北斗七星是什么样？从不同方向观察，记录下从两个角度看到的北斗七星的大致形状。

12. 学生活动：从不同角度观察并记录北斗七星的形状。

13. 教师提问：同学们发现了什么？

14. 教师小结：我们抬头所见的星座，其实是从地球角度看到的一些恒星组成的图像。而这些恒星的大小可能不同，与地球的距离也不同，同时彼此之间的距离也十分遥远。

评析： 认识空间的概念，对学生来说较难，在教学过程中也是一个难点，故可以将抽象的空间概念用具象的模型呈现出来，在教学环节中引导学生发现问题并修正模型。体现空间的结构与层次，契合新课标培养学生的模型建构思维的新理念。本环节聚焦北斗七星，引导学生开展多次建模活动，由浅入深，逐步将遥远的星座具象化。学生在交流中改进模型，认识到组成北斗七星的星体离地球有远有近，从而突破学生前概念，引导学生意识到星座只是远近不同、没有联系的恒星在空中的视觉图像。接下来，从不同的空间方位对比观察北斗七星模型，认识到从不同角度观察到的图形不同，体会"横看成岭侧成峰，远近高低各不同"，进而促进学生自我建构宇宙的空间观。这类循序渐进的教学使思维经历从发散思维、突破定势、归纳推理到分析与综合的发展，并由感性逐步走向理性，培养了学生的模型建构思维。

（四）探究北斗七星与北极星的运动关系

1. 教师提问：在生活中，北斗七星有什么作用呢？

2. 学生寻找北极星，判断方位，判断四季。

3. 教师谈话：让我们一起来看看不同季节星空中的北斗七星。

4. 教师出示观星软件的操作说明，提出要求：选取四个节气的时间点，观察记录北斗七星的斗柄朝向（见表10-4-3）。

表 10-4-3　北斗七星在四个节气的斗柄朝向

节气	时间	斗柄朝向
春分	2022 年 3 月 20 日 22：00	
夏至	2022 年 6 月 21 日 22：00	
秋分	2022 年 9 月 24 日 22：00	
冬至	2022 年 12 月 22 日 22：00	

5. 学生操作观星软件，观察并记录。

6. 教师小结：古人根据初昏时斗柄所指的方向来区分季节：斗柄东指，天下春；斗柄南指，天下夏；斗柄西指，天下秋；斗柄北指，天下冬。

7. 教师提问：为什么四季的斗柄方向不一样呢？

8. 教师播放视频《地球公转斗转星移》，学生观看。

9. 学生进行猜想，教师释疑。

评析： 运用观星软件，观察北斗七星与北极星的运动关系，认识到星座在天空中是运动变化的。

（五）拓展，认识宇宙天体的运动

1. 教师播放视频《天体运动》。

2. 教师总结：随着时间的流逝，地球上的人们看到的所有星座形状都会发生变化，成千上万年之后，星座的样子将与现在完全不同。那时，人类的后代需要创造出自己的星座。

评析： 将视野拓宽到宇宙中的天体，使学生认识到将来的星座形状会大变样，鼓励学生不断思考，激发学生对宇宙科学的兴趣。

后 记

在完成这本书的写作后，我感到无比的欣慰和满足。在这个过程中，我深入探讨了自主建构型小学科学概念教学的理念、方法和实践。我希望通过这本书，能向广大教师传递这样一个信息：只有通过引导学生自主建构科学概念，才能真正培养他们的科学素养和创新精神。

在本书的撰写过程中，我经历了多次的修订和润色。我始终秉持着对科学教育的热爱和执着，希望将这种理念传递给更多的人。我相信，通过改变传统的教学方式，我们可以培养出更多具有创新思维和实践能力的学生。

回想起这本书的创作过程，我感慨万千。从最初的文献梳理、课堂观察和案例分析，到后来的结构搭建、文字组织，我和团队成员付出了大量的努力。当然，在这个过程中，我也收获了许多宝贵的经验。

首先，我认识到自主建构型小学科学概念教学的重要性。这种教学方式不仅有助于培养学生的创新思维和解决问题的能力，还能激发他们对科学的热爱和探索欲望。通过引导学生自主探究和发现，我们可以让他们真正成为科学学习的主人。

其次，我深刻体会到实践的重要性。在本书中，我分享了许多我在实际教学中的案例和经验。这些案例让我认识到，只有将理论知识与实践相结合，才能真正培养学生的科学素养。因此，作为教师，我们需要关注学生的实践操作，为他们提供充分的探究机会。

　　最后，我意识到合作与交流的重要性。在撰写这本书的过程中，我与团队成员以及许多同行进行了深入的交流和讨论，他们的见解和建议启发了我。同时，我也深刻体会到团队合作的力量，只有通过合作与交流，我们才能共同进步，推动小学科学教育的发展。

　　本书得以顺利出版离不开厦门市教育科研专著资助出版项目的肯定与支持，离不开思明区第二届陈俊强名师工作室团队成员的合作与实践。本书的创作是充满感恩与感激的过程，要衷心地感谢给予我指导与鼓励的领导、专家和同事们。感谢我的导师袁孝亭教授，他在学科教学法领域的深厚造诣，帮助我奠定了思考和行动基础。感谢工作室伙伴们的追随与相伴，特别是在指导孙娜和陈心琴两位青年教师的过程中，让我实现教学相长。感谢编辑老师的悉心指导，其对书稿的修改完善提出了宝贵的意见和建议。感谢我的家人对我工作的大力支持，使我能有足够的精力去思考并记录我在教育教学工作中的所思与所做。

　　在本书的结尾，我想再次强调自主建构型小学科学概念教学的重要性和价值。通过引导学生自主探究、实践和交流，我们可以培养出更多具有创新思维和实践能力的学生。让我们共同努力，为小学科学教育的发展贡献自己的力量！

陈俊强

2024年8月